Nadine Holzapfel

Die Umstellung von Gesamtkosten- auf das Umsatzkostenverfahren nach IAS/IFRS

Salzwasser Verlag

Holzapfel, Nadine

Die Umstellung von Gesamtkosten- auf das Umsatzkostenverfahren nach IAS/IFRS

1. Auflage 2008 | ISBN: 978-3-86741-108-0

© CT Salzwasser-Verlag GmbH & Co. KG, 2008. Alle Rechte vorbehalten.

Die Deutsche Bibliothek verzeichnet diesen Titel in der Deutschen Nationalbibliografie. Bibliografische Daten sind unter http://dnb.ddb.de verfügbar.

Dieses Fachbuch wurde nach bestem Wissen und mit größtmöglicher Sorgfalt erstellt. Im Hinblick auf das Produkthaftungsgesetz weisen Autoren und Verlag darauf hin, dass inhaltliche Fehler und Änderungen nach Drucklegung dennoch nicht auszuschließen sind. Aus diesem Grund übernehmen Verlag und Autoren keine Haftung und Gewährleistung. Alle Angaben erfolgen ohne Gewähr.

A. Inhaltsverzeichnis

	Seite
B. Abbildungsverzeichnis	IV
C. Abkürzungsverzeichnis	V
D. Verzeichnis der Anhänge	VI
E. Die Umstellung vom Gesamtkosten- auf das Umsatzkostenverfahren nach IAS/IFRS im Projektcontrolling	1

1. Einführung	1
1.1 Problemstellung	1
1.2 Zielsetzung	2
1.3 Aufbau der Arbeit	2
2. Gewinn- und Verlustrechnung nach IAS/IFRS	5
2.1 Gliederung und Aufbau der Gewinn- und Verlustrechnung	6
2.2 Gesamtkostenverfahren versus Umsatzkostenverfahren	10
2.2.1 Gesamtkostenverfahren	10
2.2.1.1 Definition	10
2.2.1.2 Posten des Ergebnisses der betrieblichen Tätigkeit	10
2.2.1.2.1 Umsatzerlöse	10
2.2.1.2.2 Bestandsveränderungen	11
2.2.1.2.3 Andere aktivierte Eigenleistungen	13
2.2.1.2.4 Aufwendungen für Roh-, Hilfs-, Betriebsstoffe	13
2.2.1.2.5 Personalaufwand	13
2.2.1.2.6 Abschreibungen	14
2.2.1.2.7 Sonstige betriebliche Aufwendungen und Erträge	14
2.2.2 Umsatzkostenverfahren	15
2.2.2.1 Definition	15
2.2.2.2 Posten des Ergebnisses der betrieblichen Tätigkeit	17
2.2.2.2.1 Umsatzerlöse	17
2.2.2.2.2 Umsatzkosten	17
2.2.2.2.3 Bruttoergebnis vom Umsatz	19
2.2.2.2.4 Vertriebskosten	20
2.2.2.2.5 Allgemeine Verwaltungskosten	20
2.2.2.2.6 Forschungs- und Entwicklungskosten	21
2.2.2.2.7 Sonstige betriebliche Aufwendungen und Erträge	21
2.2.3 Gleiche Posten im Gesamt- und Umsatzkostenverfahren	22
2.2.3.1 Finanz- und Beteiligungsergebnis	22
2.2.3.2 Ergebnis aus der Aufgabe von Geschäftsbereichen	23
2.2.3.3 Ergebnis vor Steuern	24
2.2.3.4 Ertragsteueraufwand	24
2.2.3.5 Ergebnis nach Steuern	25
2.2.3.6 Erweiterungen der GuV	25

2.2.4 Vor- und Nachteile der Verfahren	26
2.2.4.1 Vorzüge des Gesamtkostenverfahrens	26
2.2.4.2 Vorzüge des Umsatzkostenverfahrens	28
2.2.4.3 Fazit	28
2.3 Wesentliche Unterschiede der GuV nach IAS/IFRS zum HGB	29
3. Umstellung vom Gesamtkosten- auf das Umsatzkostenverfahren	33
3.1 Umsatzkostenverfahren in der Praxis – empirische Ergebnisse	33
3.2 Motive für die Umstellung auf das Umsatzkostenverfahren	36
3.3 Von der Umstellung betroffene GuV-Positionen	38
3.4 Theoretische Vorgehensweise zur Überleitung	41
3.5 Schaffung eines Ein-Kreis-Systems	43
3.5.1 Erläuterung des Systems	43
3.5.2 Voraussetzungen zur Schaffung eines Ein-Kreis-Systems	46
3.5.3 Erzielte Verbesserungen	47
3.6 Struktur der Umstellung	49
3.6.1 Auswertungsebene	50
3.6.2 Erfassungsebene	53
3.7 Weitere Aufgaben und Prozesse der Umstellung	55
3.7.1 Ermittlung der Umsatzkosten	55
3.7.2 Auswirkung auf den Kontenplan und die Finanzbuchhaltung	57
3.7.3 Auswirkung auf IT-Systeme	59
4. Umstellung auf das Umsatzkostenverfahren im Projektcontrolling	62
4.1 Startphase	62
4.2 Definitionsphase	64
4.2.1 Projektparameter	64
4.2.2 Projektumfeld	65
4.2.3 Projketmarketing	66
4.2.4 Aufbau- und Ablauforganisation	67
4.3 Planungsphase	68
4.4 Umsetzung	72
5. Kritische Würdigung	74
5.1 Fazit	74
5.2 Ausblick	76
F. Anhang	VII
G. Literaturverzeichnis	X
H. Rechtsquellenverzeichnis	XIV
I. Erklärung	XV

B. Abbildungsverzeichnis

	Seite
Abb. 1: Aufbau der Arbeit	4
Abb. 2: IAS/IFRS-Gliederung der GuV	8
Abb. 3: Anforderungen an eine GuV nach internationaler und deutscher Rechnungslegung	9
Abb. 4: Problem der Aufwandsverrechnung	12
Abb. 5: Pflicht- und Wahlbestandteile der Herstellungskosten	18
Abb. 6: Abgrenzungsprobleme beim UKV	27
Abb. 7: Anteil des UKV in den verschiedenen Börsenindices in Prozent	33
Abb. 8: Verwendung UKV im Zusammenhang mit der angewandten Rechnungslegung	34
Abb. 9: Interne und externe Gründe für die Umstellung auf das UKV nach Nikolic und Teichmann	36
Abb. 10: Die Deckungsbeitragsrechnung im Vergleich mit dem UKV	37
Abb. 11: Umgliederung der Positionen des GKV auf die Posten des UKV	39
Abb. 12: Problematik der verursachungsgerechten Aufteilung	41
Abb. 13: Teilung des Rechnungswesen	44
Abb. 14: Abgrenzung zwischen Aufwand und Kosten	45
Abb. 15: Erzielte Verbesserungen durch Schaffung eines Ein-Kreis-Systems	48
Abb. 16: Erfassungsebene und Auswertungsebene	50
Abb. 17: GuV nach dem GKV	51
Abb. 18: Aufteilung und Umgliederung der Aufwendungen	52
Abb. 19: GuV nach dem UKV	53
Abb. 20: Überleitungsmatrix	54
Abb. 21: Aufstellung der Umsatzkosten bei einem Handelsunternehmen	56
Abb. 22: Aufstellung der Umsatzkosten für ein Produktionsunternehmen Teil I	56
Abb. 23: Aufstellung der Umsatzkosten für ein Produktionsunternehmen Teil II	57
Abb. 24: Checkliste Startsituation	63
Abb. 25: Magisches Dreieck	65
Abb. 26: Planungsarten in der Projektplanung	69
Abb. 27: Umsetzungsphase im Regelkreis des Projektmanagements	73

C. Abkürzungsverzeichnis

AktG = Aktiengesetzbuch
DIN = Deutsche Industrie-Norm
EStR = Einkommensteuer-Richtlinien
GKV = Gesamtkostenverfahren
GuV = Gewinn- und Verlustrechnung
HGB = Handelsgesetzbuch
IAS = International Accounting Standards
IFRS = International Financial Reporting Standard(s)
IASB = International Accounting Standard Board
SEC = Securities and Exchange Commission
UKV = Umsatzkostenverfahren
US-GAAP = United States Generally Accepted Accounting Principles
USt = Umsatzsteuer

D. Verzeichnis der Anhänge

Internetquellen:

http://www.ax-net.de/inhalt/bilanz/guv/einleitung.htm	Anhang 1
http://www.wiwi.uni-muenster.de/23/download/buchfuehrung/vorlesung/ 12_Vorlesung., Folien 13 – 16	Anhang 2
http://www.wiwi.uni-muenster.de/23/download/buchfuehrung/vorlesung/ 12_Vorlesung., Folien 17 – 20	Anhang 3

E. Die Umstellung vom Gesamtkosten- auf das Umsatzkostenverfahren nach IFRS im Projektcontrolling

1. Einführung

1.1 Problemstellung

Aufgrund der zunehmenden Globalisierung gewinnt die internationale Rechnungslegung immer mehr an Bedeutung. Laut einer durchgeführten Studie der Universität Saarbrücken bilanzierten im Jahr 2002 bereits weniger als 25 % von 560 im DAX, MDAX, SMAX und NEMAX gelisteten Gesellschaften nach den Vorschriften des Handelsgesetzbuchs (HGB).[1] Die Verordnung des Europäischen Parlaments vom Juni 2002 führt dazu, dass die Anwendung internationaler Rechnungslegung weiterhin zunimmt. So müssen ab dem Jahre 2005 kapitalmarktorientierte Unternehmen ihre Konzernabschlüsse nach den International Reporting Standards (IFRS/IAS) erstellen. In besonderen Ausnahmefällen ist die Frist bis zum Jahr 2007 verlängert.[2]

Im Zuge der Umstellung von den nationalen Vorschriften des HGB auf das international anerkannte Normensystem der IAS/IFRS stellt sich neben der Frage der unterschiedlichen Bilanzierung und Bewertung der Vermögens- und Schuldpositionen auch die Frage der Darstellung und Gliederung der Gewinn- und Verlustrechnung (GuV). Die GuV hat die Aufgabe, dem Jahresabschlussadressaten zu informieren, inwieweit das Unternehmen in der Lage ist, nachhaltig Gewinne zu erzielen und somit seine langfristige Existenz zu garantieren. Die Darstellung der GuV spielt somit eine wichtige Rolle.[3]

§ 275 Absatz (Abs.) 1 HGB besagt: „Die Gewinn- und Verlustrechnung ist in Staffelform nach dem Gesamtkostenverfahren oder dem Umsatzkostenverfahren aufzustellen." Eine Aufstellung nach dem Gesamtkostenverfahren (GKV) bedeutet eine Gliederung nach Aufwandsarten und eine Aufstellung nach dem Umsatzkostenverfahren (UKV) bedeutet eine Gliederung nach Funktionsbereichen. Auch nach IAS/IFRS besteht dieses Wahlrecht, jedoch ist jenes Verfahren zu wählen, das verlässlichere und relevantere Informationen bietet. IAS 1.88 besagt: „Ein Unternehmen hat eine Aufwandsgliederung anzugeben, die entweder auf der Art der

---
[1] Vgl. Küting, Karlheinz / Reuter, Michael / Zwirner, Christian, a.a.O., S. 6627 (zit. Küting/Dürr/Zwirner, KoR 2002, S. 8)
[2] Vgl. Grünberger, David, a.a.O., S. 17
[3] Vgl. Küting, Karlheinz / Reuter, Michael /Zwirner, Christian, a.a.O., S. 6627, 6628

Aufwendungen oder auf deren Funktion innerhalb des Unternehmens beruht, je nachdem welche Darstellungsweise verlässlichere und relevantere Informationen ermöglicht." Dabei wird das UKV als bessere Darstellungsform angesehen, da eine Zuordnung nach Funktionen oft wichtigere Informationen als eine Aufteilung nach Aufwandsarten liefert.[4]

In Deutschland ist das Gesamtkostenverfahren die gängige Praxis und weit verbreitet. Im internationalen Raum ist das Umsatzkostenverfahren vorherrschend, z. T. auch dadurch, weil das Gesamtkostenverfahren im angelsächsischen Wirtschaftsbereich nicht angewandt wird. Eine Mehrzahl von Unternehmen gehen nun aus Gründen einer besseren Vergleichbarkeit mit anderen Unternehmen und einer zunehmenden Internationalisierung dazu über, ihre GuV auf das Umsatzkostenverfahren umzustellen.

1.2 Zielsetzung

Vor dem Hintergrund der oben dargestellten zunehmenden Umstellung der GuV vom GKV auf das UKV ist es Ziel der vorliegenden Arbeit, beide Verfahren zu erläutern, deren Vor- und Nachteile aufzuzeigen, Gründe für die Umstellung auf das Umsatzkostenverfahren zu untersuchen, sowie mögliche Vorgehensweisen und Problemstellungen des Umstellungsprozesses aufzuzeigen.
Die Ergebnisse sollen dazu dienen, einen Überblick über beide Verfahren und deren Unterschiede zu erhalten sowie einen allgemeinen Leitfaden für die praktische Umstellung an die Hand zu geben. Dazu werden Voraussetzungen für die Umstellung, Auswirkungen der Umstellung auf die einzelnen GuV-Positionen und auf weitere Betriebsbereiche aufgezeigt. Ebenfalls wird untersucht, inwiefern eine solche Umstellung als ein Projekt aufgebaut werden kann, um jenes im Unternehmen erfolgreich umzusetzen.

1.3 Aufbau der Arbeit

Zur Erfüllung der dargestellten Zielsetzung, wird die vorliegende Arbeit in folgende Bereiche eingeteilt:

---

[4] Vgl. http://ax-net.de/inhalt/bilanz/guv/einleitung.htm, S. 1

- „Gewinn- und Verlustrechnung nach IAS/IFRS" (Kapitel 2)
- „Umstellung vom GKV auf das UKV" (Kapitel 3)
- „Umstellung als Projekt" (Kapitel 4)
- „Fazit und kritische Würdigung" (Kapitel 5)

Im Bereich „Gewinn- und Verlustrechnung nach IAS/IFRS" (Kapitel 2) werden die einzelnen GuV-Positionen des Gesamtkosten- und des Umsatzkostenverfahrens vorgestellt und erläutert. Als gesetzliche Grundlage dienen hierzu die International Reporting Standards. Anschließend werden die beiden Verfahren gegenübergestellt und die jeweiligen Vor- und Nachteile untersucht. Den Abschluss dieses Bereichs bildet die Darstellung der Unterschiede der GuV nach IAS/IFRS zum deutschen Handelsrecht.

Die Vorgehensweise der GuV-Umstellung wird in Kapitel 3 erläutert. Es wird zuerst anhand einer Studie aufgezeigt, wie verbreitet das Umsatzkostenverfahren in der Praxis ist und aus welchen Gründen Unternehmen ihre GuV umstellen. Anschließend wird betrachtet, welche GuV-Positionen in welchem Umfang von einer Umgliederung betroffen sind und wo sich Änderungen ergeben. Weiter wird erarbeitet, dass zu einer erfolgreichen Umstellung die Schaffung eines Ein-Kreis-Systems von Vorteil ist. Gründe und Vorteile dieses Ein-Kreis-Systems werden kurz erläutert und auf dieser Grundlage wird eine Umstellung auf Erfassungs- und Auswertungsebene vorgestellt. Abschließend wird dargestellt, welche Auswirkungen die durchgeführte Änderung auf den Kontenplan, die Finanzbuchhaltung, die IT-Systeme und weitere Bereiche und Prozesse des Unternehmens hat.

Im Kapitel 4 „Umstellung auf das Umsatzkostenverfahren im Projektcontrolling" wird gezeigt, wie eine Umstellung als Projekt aufgebaut werden kann. Die einzelnen Phasen eines Projekts werden erläutert und auf Schwierigkeiten und Probleme wird hierzu kurz eingegangen.

Die Arbeit schließt im Kapitel 5 mit einer kritischen Würdigung und einem Fazit zur vorliegenden Untersuchung.

Abb.1 fasst den skizzierten Aufbau der Arbeit noch einmal schematisch zusammen:

```
┌─────────────────────────────────────────────────────────────┐
│                        Kapitel 1                            │
│   Einführung (Problemstellung, Zielsetzung, Aufbau der Arbeit) │
└─────────────────────────────────────────────────────────────┘
                              ↓
┌─────────────────────────────────────────────────────────────┐
│                        Kapitel 2                            │
│           Gewinn- und Verlustrechnung nach IAS/IFRS          │
│                 Gliederung und Aufbau der GuV                │
│                       GKV versus UKV                         │
│   Wesentliche Unterschiede der GuV nach IAS/IFRS zum Handelsrecht │
└─────────────────────────────────────────────────────────────┘
                              ↓
┌─────────────────────────────────────────────────────────────┐
│                        Kapitel 3                            │
│                  Umstellung vom GKV auf UKV                  │
│              UKV in der Praxis, empirische Ergebnisse        │
│                     Motive zur Umstellung                    │
│                    Betroffene GuV-Positionen                 │
│             Theoretische Vorgehensweise zur Überleitung      │
│                 Schaffung eines Ein-Kreis-Systems            │
│                     Struktur der Umstellung                  │
│                   Auswirkungen der Umstellung                │
└─────────────────────────────────────────────────────────────┘
                              ↓
┌─────────────────────────────────────────────────────────────┐
│                        Kapitel 4                            │
│          Umstellung auf das UKV im Projektcontrolling        │
│                         Startphase                           │
│                       Definitionsphase                       │
│                        Planungsphase                         │
│                         Umsetzung                            │
└─────────────────────────────────────────────────────────────┘
                              ↓
┌─────────────────────────────────────────────────────────────┐
│                        Kapitel 5                            │
│                  Fazit und kritische Würdigung               │
└─────────────────────────────────────────────────────────────┘
```

Abb.1.: Aufbau der Arbeit (eigene Darstellung)

2. Gewinn- und Verlustrechnung nach IAS/IFRS

Nach IAS 1.8 b ist die Gewinn- und Verlustrechnung neben der Bilanz, der Eigenkapitalveränderungsrechnung und dem Anhang ein Pflichtbestandteil eines IAS/IFRS Jahresabschlusses. Die Gewinn- und Verlustrechnung wird in den International Accounting Standards income statement genannt und hat das Ziel ein Periodenergebnis aufzuzeigen. Um jenes zu ermitteln sind gemäß IAS 1.78 sämtliche angefallenen Aufwendungen und Erträge gegenüberzustellen.[5] Dabei sind Erträge Vermögensmehrungen und Aufwendungen Vermögensminderungen. Erträge sind definiert als die Zunahme wirtschaftlichen Nutzens in einer Abrechnungsperiode, wobei die Zunahme durch Zufluss oder durch eine Wertsteigerung von assets (Vermögensgegenstände) bzw. einer Verringerung von liablities (Schulden) entstehen kann. Erträge können in revenues und gains aufgeteilt werden. Revenues sind Erträge, die in direktem Zusammenhang mit der hauptsächlichen Geschäftstätigkeit des Unternehmens stehen, wie z.B. Umsatzerlöse, Gebühren, Zinsen, Dividenden, Lizenz- und Mieterträge. Unter gains fallen Erträge aus nebensächlicher Geschäftstätigkeit, aus sonstigen Tätigkeiten eines Unternehmens. Zu nennen sind hier vor allem Erträge aus der Veräußerung von Gegenständen des Anlagevermögens, Erträge aus der Marktbewertung von Wertpapieren und Erträge aus der Auflösung nicht mehr benötigter Rückstellungen. Aufwendungen sind definiert als die Abnahme wirtschaftlichen Nutzens in einer Abrechnungsperiode. Diese Abnahme kann durch Abschluss bzw. einer Wertminderung von assets oder einer Erhöhung von liabilities entstehen. Zu unterscheiden sind expenses und losses. Expenses werden Aufwendungen genannt, die in direktem Zusammenhang mit der hauptsächlichen Geschäftstätigkeit, dem Kerngeschäft eines Unternehmens, stehen, wie Materialkosten, Löhne, Gehälter und planmäßige Abschreibungen. Der Begriff losses beschreibt Aufwendungen, die aus nebensächlicher Geschäftstätigkeit, aus sonstigen Tätigkeiten eines Unternehmens entstehen. Auch außerplanmäßige Wertminderungen von Vermögensgegenständen oder Aufwendungen aus Umrechnung von Fremdwährungspositionen fallen darunter.[6]

Zu beachten ist, dass im Gegensatz zu der deutschen Rechnungslegung, das ausgewiesene Periodenergebnis bei der Gewinn- und Verlustrechnung nach IAS/IFRS nicht das Periodengesamtergebnis wiederspiegelt. Aufwendungen und

---
[5] Vgl. Zülch, Henning, a.a.O., S. 731
[6] Vgl. Kremin-Buch, Beate, a.a.O., S. 211 - 214

Erträge, die keine Zahlungen an Anteilseigner sind, bilden den anderen Periodenerfolg und sind in der Eigenkapitalveränderungsrechnung ersichtlich.[7]

Seit Inkrafttreten des am 15.5.2002 veröffentlichten Exposure Draft „Improvements to Existing International Financial Reporting Standards" durch das International Accounting Standard Board (IASB) hat auch die Gewinn- und Verlustrechnung einschneidende Änderungen erfahren. So wird z. B. die Angabe eines Ergebnisses der gewöhnlichen Tätigkeit nicht mehr verlangt, eine getrennte Angabe außerordentlicher Posten ist strengstens untersagt, so dass nur noch Ergebnisse ersichtlich sind, die aus der gewöhnlichen Tätigkeit stammen.[8]

Als Kritikpunkt des income statements wird die Tatsache angesehen, dass nach IAS 1 nur unpräzise Angaben zur Darstellung und zum Ausweis in der Gewinn- und Verlustrechnung gemacht werden sowie eine Vielzahl von Wahlrechten vorhanden sind.[9] Die eigentliche Aufgabe der Gewinn- und Verlustrechnung, die Abbildung der Ertragslage kann somit nicht mehr erfüllt werden, da die Vergleichbarkeit der Rechnung beeinträchtigt ist.

2.1 Gliederung und Aufbau der Gewinn- und Verlustrechnung

Wie bereits schon erwähnt sind die formalen Anforderungen an die Gewinn- und Verlustrechnung nach IAS nur sehr gering.[10] Nach IAS 1.81 muss die Gewinn- und Verlustrechnung mindestens folgende Angaben enthalten:

„(a) Umsatzerlöse;

(b) Finanzierungsaufwendungen;

(c) Gewinn- und Verlustanteile an assoziierten Unternehmen und Joint Ventures, die nach der Equity-Methode bilanziert werden;

(d) Steueraufwendungen;

---

[7] Vgl. Hinz, Michael, a.a.O., S. 174
[8] Vgl. Zülch, Henning, a.a.O., S. 742
[9] Vgl. Engel-Ciric, Dejan, a.a.O., S. 176
[10] Vgl. Zülch, Henning, a.a.O., S.732

(e) ein gesonderter Betrag, welcher der Summe entspricht aus (i) dem Ergebnis nach Steuern des aufgegebenen Geschäftsbereichs und (ii) dem Ergebnis nach Steuern, das bei der Bewertung mit dem beizulegenden Zeitwert abzüglich Veräußerungskosten oder der Veräußerung der Vermögenswerte oder Veräußerungsgruppe(n), die den aufgegebenen Geschäftsbereich darstellen, erfasst wurde; und

(f) Ergebnis."

IAS 1.82 schreibt weiter vor, dass folgende Posten in der GuV als Ergebniszuordnung darzustellen sind:

„(a) Gewinne bzw. Verluste, die den Minderheitsanteilen zuzurechnen sind; und

(b) Gewinne bzw. Verluste, die den Anteilseignern des Mutterunternehmens zuzurechnen sind."

Nach IAS 1.83 sind weitere Positionen, Überschriften und Zwischensummen dann abzubilden, wenn diese nach IAS/IFRS verlangt werden oder es für eine den tatsächlichen Verhältnissen entsprechende Darstellung der Ertragslage, im Sinne des Grundsatzes der fair presentation, des Unternehmens notwendig ist.[11]

Wie bereits unter Punkt 2. erwähnt, wurde eine wesentliche Änderung durch das Improvement Project durchgeführt. Hiernach ist das Periodenergebnis nicht mehr zwingend in ein Ergebnis aus der gewöhnlichen Geschäftstätigkeit und in außerordentliche Posten aufzuteilen. Weiterhin ist es laut IAS 1.85 untersagt, Aufwendungen und Erträge sowohl in der GuV als auch im Anhang als außerordentlich zu kennzeichnen.[12] Vielmehr wird dargestellt, dass es unter IAS/IFRS keine Erträge und Aufwendungen außerhalb der gewöhnlichen Geschäftstätigkeit gibt. Es wird nur noch ein Ergebnis aus fortgesetzter Geschäftstätigkeit und nicht fortgesetzter Geschäftstätigkeit ausgewiesen.[13]

---

[11] Vgl. Zülch, Henning, a.a.O., S. 732
[12] Vgl. Schlüter, Jörg, a.a.O., S. 377
[13] Vgl. Fröschle, Gerhart, a.a.O., S. 1129

Nach Berücksichtigung der Mindestangaben und den allgemeinen Grundsätzen der Informationsvermittlung des Framework, welche die Rahmenbedingungen des IAS/IFRS sind, sowie an Anlehnung des § 275 HGB lässt sich folgende Struktur der Gewinn- und Verlustrechnung ableiten:

GuV nach Gesamtkostenverfahren	GuV nach Umsatzkostenverfahren
Umsatzerlöse	Umsatzerlöse
+/- Bestandsveränderungen an fertigen und unfertigen Erzeugnissen	- Umsatzkosten
	= Bruttoergebnis vom Umsatz
- Materialaufwand	- Vertriebskosten
- Personalaufwand	- allgemeine Verwaltungskosten
- Abschreibungen	- Forschungs- und Entwicklungskosten
+/- Sonstige betriebliche Aufwendungen und Erträge	+/- Sonstige betriebliche Aufwendungen und Erträge
+/- Finanz- und Beteiligungsergebnis	
+/- Ergebnis aus der Aufgabe von Geschäftsbereichen	
= Ergebnis vor Steuern	
+/- Ertragsteueraufwand	
= Ergebnis nach Steuern	
= Periodenergebnis	

Abb 2.: *IAS/IFRS-Gliederung der GuV (Quelle: Kirsch, Hanno, a.a.O., S. 277)*

In der deutschen Rechnungslegung besteht nach § 275 HGB ein Wahlrecht, ob die Gewinn- und Verlustrechnung nach dem Gesamt- oder Umsatzkostenverfahren zu erstellen ist. Allerdings unterliegt die Anwendung eines Verfahrens dem Stetigkeitsgrundsatz nach § 265 (1) S. 1 HGB, d.h. entscheidet sich der Bilanzierende für ein Verfahren muss er dieses auch in Zukunft beibehalten.[14] Weiter ist die Gewinn- und Verlustrechnung der Kapitalgesellschaften und der Personenhandelsgesellschaften gemäß § 275 (1) S. 1 HGB i.V.m. § 264 a HGB zwingend in Staffelform zu erstellen, da eine Darstellung in Kontoform keine Zwischenergebnisse etc. sichtbar machen würde und somit die Aussagefähigkeit der GuV beeinträchtigt wäre.[15] Bei

---

[14] Vgl. Reuter, Michael / Zwirner, Christian, Überleitung einer GuV, a.a.O., S. 635
[15] Vgl. Kremin-Buch, Beate, a.a.O., S. 214

Anwendung der Staffelform wird der Gesamterfolg in Teilerfolge gespalten, d.h. es werden Teilsalden in Bezug auf sachlich zusammengehörende und gesondert ausgewiesene Erträge und Aufwendungen abgebildet.[16]

Auch in der internationalen Rechnungslegung besteht grundsätzlich ein Wahlrecht zwischen Gesamt- und Umsatzkostenverfahren.[17] Es werden keine Angaben darüber gemacht, ob die GuV in Konto- oder Staffelform dargestellt werden soll. Üblich ist jedoch die Darstellung in Staffelform und die Erstellung nach dem Umsatzkostenverfahren.[18] Eine Erstellung nach diesem Verfahren, in den IAS/IFRS cost of sales method genannt, liefert oft wichtigere Informationen, da die Zuordnung der Aufwendungen nach Funktionen und nicht nach Art der Aufwendungen erfolgt.[19] Bei der Aufstellung der GuV nach IAS/IFRS sind weiter zwei Kriterien zu beachten. Erstens muss die Aufstellung der Gewinn- und Verlustrechnung nach dem Gesichtspunkt der Wesentlichkeit erfolgen, d.h. es ist zu entscheiden, welche Position in ihrem Betrag und in ihrem Inhalt nach aufzustellen und evtl. auch im Anhang zu erläutern ist und welche nicht. Zweitens muss der Grundsatz der Stetigkeit erfüllt werden, d.h. wendet ein Unternehmen das Gesamtkostenverfahren an, muss es dieses Verfahren beibehalten, es sei denn ein Standard fordert eine neue Darstellungsform oder eine andere Darstellung dient der fair presentation.[20]

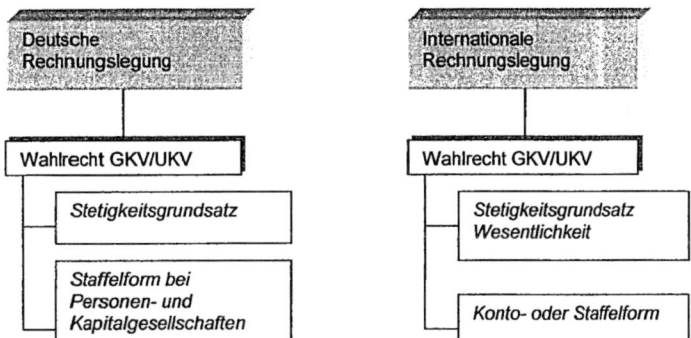

Abb.3: Anforderungen an eine GuV nach internationaler und deutscher Rechnungslegung (eigene Darstellung)

---

[16] Vgl. Matschke, Jürgen, Manfred / Schellhorn, Mathias, a.a.O., S. 980
[17] Vgl. Kremin-Buch, Beate, a.a.O., S. 214
[18] Vgl. Biel, Alfred, a.a.O., S. 87
[19] Vgl. http://www.ax-net.de/inhalt/bilanz/guv/einleitung.html, S. 1
[20] Vgl. Barthèlemy, Frank / Willen, Bernd-Uwe, a.a.O., S.225

2.2 Gesamtkostenverfahren versus Umsatzkostenverfahren

2.2.1 Gesamtkostenverfahren

2.2.1.1 Definition

Beim Gesamtkostenverfahren orientieren sich die berücksichtigenden Erträge an den entstandenen Aufwendungen. Das bedeutet, dass der in einer Periode insgesamt angefallene Aufwand zu erfassen ist und der Gesamtleistung gegenübergestellt wird.[21] Unbedeutend ist, ob diese Aufwendungen für Produkte angefallen sind, die auch im selben Zeitraum am Markt abgesetzt wurden oder nicht. Das Verfahren ist somit leistungsbezogen und es existiert ein Posten Bestandsveränderung.[22]

2.2.1.2 Posten des Ergebnisses der betrieblichen Tätigkeit

2.2.1.2.1 Umsatzerlöse

Der Begriff der Umsatzerlöse (revenue) wird im Framework behandelt und in IAS 18 näher dargestellt. IAS 18.7 definiert den Begriff Ertrag folgendermaßen: „Ertrag ist der aus der gewöhnlichen Tätigkeit eines Unternehmens resultierende Bruttozufluss wirtschaftlichen Nutzens während der Berichtsperiode, der zu einer Erhöhung des Eigenkapitals führt, soweit er nicht aus Einlagen der Anteilseigner stammt." Unter den Standard 18 fallen alle Erträge, die sich aus dem Verkauf von Gütern bzw. der Erbringung von Dienstleistungen sowie der Nutzung von Vermögenswerten des Unternehmens durch Dritte gegen Zinsen, Nutzungsentgelte und Dividenden, ergeben. Unter Umsatzerlöse sind demnach solche Erlöse zu verstehen, die durch die eigentliche Betriebsleistung des Unternehmens entstehen. Es ist unerheblich, ob diese regelmäßig, unregelmäßig oder selten auftreten. Von Bedeutung ist lediglich, dass sie für die gewöhnliche Geschäftstätigkeit typisch sind.[23]

---

[21] Vgl. Lemmen, Stefan / Niemann, Walter / Peusquens, Herbert / Wohlgemuth, Michael, a.a.O., Rn. 2352
[22] Vgl. Engel-Ciric, Dejan, a.a.O., S.173
[23] Vgl. Lemmen, Stefan / Niemann, Walter / Peusquens, Herbert / Wohlgemuth, Michael, a.a.O., Rn. 2022

Besondere Erträge sind nach IAS 18 gesondert im Anhang offen zu legen, wie Erträge aus dem Verkauf von Gütern, der Erbringung von Dienstleistungen, der Zinsen, Nutzungsentgelten und Dividenden.[24]

Der Zeitpunkt der Erfassung der Umsatzerlöse richtet sich nach IAS 18, d.h. sie sind zu erfassen, wenn hinreichend wahrscheinlich ist, dass dem Unternehmen ein wirtschaftlicher Nutzen zufließen wird und sich dieser verlässlich quantifizieren lässt. Bemessen werden die Erträge mit dem Zeitwert der erhaltenen oder zu beanspruchenden Gegenleistung nach IAS 18.9.[25] Erlösschmälerungen und die Umsatzsteuer (USt) sind beim Ausweis der Umsatzerlöse vorher abzuziehen (IAS 18.10).[26]

Insgesamt kann bei den Umsatzerlösen von einer inhaltlichen Deckungsgleichheit zwischen deutscher und internationaler Rechnungslegung ausgegangen werden. Unterschiede zur deutschen Rechnungslegung können sich bei Mieterträgen aus Werkswohnungen oder Erträgen aus Nebenbetrieben ergeben, da diese nach IAS/IFRS unter den Erlösen ausgewiesen werden können, während eine Zuordnung zu den handelsrechtlichen Umsatzerlösen nicht zulässig ist.[27]

Als typische Beispiele für den Posten Umsatzerlöse sind zu nennen: Erlöse aus dem Verkauf selbsterstellter oder erworbener Vermögenswerte, Erträge aus Erbringung von Dienstleistungen, Erträge aus Nutzungsüberlassungen, Miet- und Pachteinnahmen von Wohnungsunternehmen, Grundstücksgesellschaften, Leasingunternehmen, Brauereien, Erträge aus Nebenbetrieben.[28]

2.2.1.2.2 Bestandsveränderungen

Da im Gesamtkostenverfahren alle Aufwendungen des Geschäftsjahres erfasst werden und nicht nur Aufwendungen der Leistungserstellung, die den Umsatzerlösen zugeordnet werden können, ist diese Position notwendig.[29] Die Einfügung dieses Postens schafft somit eine Symmetrie zwischen ausgewiesenen Aufwendungen und Erträgen der Periode.[30]

---

[24] Vgl. Kirsch, Hanno, a.a.O., S. 278
[25] Vgl. Schlüter, Jörg, a.a.O., S. 380
[26] Vgl. Kleekämper, Heinz / Knorr, Liesel / Somes, Karen / Bischof, Stefan / Doleczik, Günter, a.a.O., S.53
[27] Vgl. Lemmen, Stefan / Niemann, Walter / Peusquens, Herbert / Wohlgemuth, Michael, a.a.O., Rn. 2028
[28] Vgl. Hinz, Michael, a.a.O., S. 177, 178
[29] Vgl. Schlüter, Jörg, a.a.O., S. 387
[30] Vgl. Lemmen, Stefan / Niemann, Walter / Peusquens, Herbert / Wohlgemuth, Michael, a.a.O., Rn. 2041

Folgendes Beispiel verdeutlicht den Sachverhalt.
Im Jahr 01 werden 10.000 Stück mit Kosten von 100.000 € hergestellt. Von diesen 10.000 Stück werden in 01 8.000 Stück zu einem Preis von 160.000 € abgesetzt. Die restlichen 2.000 Artikel werden erst im Jahr 02 veräußert zu einem Preis von 40.000 €.[31]

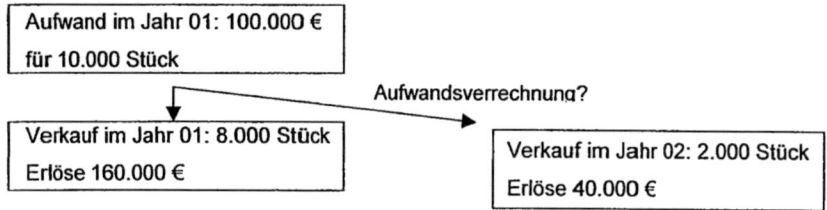

Abb.4: Problem der Aufwandsverrechnung (Quelle: Buhholz, Rainer, a.a.O., S. 139)

Da im Gesamtkostenverfahren die komplett angefallenen Aufwendungen angesetzt werden, also 100.000 € für die komplett 10.000 Stück, muss ein Ausgleich im Sinne einer Bestandsveränderung getroffen werden. Im vorliegendem Fall wird eine Bestandsmehrung von 20.000 € als Ertrag berücksichtigt. Die Bewertung der Bestandsveränderung erfolgt hierbei mit den Herstellungskosten (100.000 € / 10.000 Stück * 2.000 Stück).

In der Mindestgliederung wird eine Aufführung dieses Postens nicht genannt, der Ausweis dieser Position erfolgt hingegen nach IAS 1.84 und IAS 1.86.
Bestandsveränderungen können durch eine Wert- oder eine Mengenänderung begründet sein. Eine Aufspaltung in fertige und unfertige Erzeugnisse ist jedoch nicht notwendig, da es sich bei diesem Posten um eine Saldogröße handelt.
Unterschiede zwischen der Rechnungslegung nach HGB und der nach IAS/IFRS können sich in der Höhe dieses Posten zeigen, da der Begriff Herstellungskosten, mit dem die Bestandsveränderungen bewertet werden, unterschiedlich definiert ist.[32] Die unterschiedliche Bewertung der Herstellungskosten wird näher in dem Punkt 2.2.2.2.2 erläutert.

---

[31] Vgl. Buchholz Rainer, a.a.O., S. 139,140
[32] Vgl. Schlüter, Jörg, a.a.O., S. 387

2.2.1.2.3 Andere aktivierte Eigenleistungen

Andere aktivierte Eigenleistungen sind Aufwendungen für selbsterstellte und selbstgenutzte Vermögenswerte des Anlagevermögens. Sie sind nach IAS 1.29 dann aufzuführen, wenn sie wesentlich sind. Da in diesen Aufwendungen nicht selten auch Fremdmaterialien und Fremdleistungen enthalten sind, stellt sich hier die Frage der Behandlung dieser Kostenteile. Sie können zusammen mit den Eigenleistungen des Unternehmens unter dem Posten der aktivierten Eigenleistungen angesetzt werden, wenn die Fremdmaterialien und –leistungen von untergeordneter und die Eigenleistung von dominierender Rolle ist.[33]

2.2.1.2.4 Aufwendungen für Roh-, Hilfs- und Betriebsstoffe

Der Posten Aufwendungen für Roh-, Hilfs- und Betriebsstoffe (raw materials and consumables used) enthält den gesamten Verbrauch an Roh-, Hilfs-, und Betriebsstoffen sowie Aufwendungen für alle bezogenen Dienstleistungen und Güter eines Jahres. Fallen Erträge aus der Wertaufholung bei Vorratsgütern an, sind diese nach IAS 2.31 hier mit den Aufwendungen für Roh-, Hilfs- und Betriebsstoffen zu verrechnen. Aufwendungen aus der Wertminderung von Vorratsgütern sind ebenfalls hier aufzuführen (IAS 2.6). In der deutschen Rechnungslegung nach HGB sind Aufwendungen aus Wertminderungen von Vorratsgütern als unübliche Abschreibungen zu erfassen.[34]

2.2.1.2.5 Personalaufwand

Sämtliche Aufwendungen und Leistungen an die Arbeitnehmer sind Personalaufwand (staff costs). IAS 19 wendet sich dieser Thematik zu. Somit zählen u.a. Löhne, Gehälter, Feiertags-, Weihnachts- und Urlaubsgeld, Kinderzulagen, Entgelt für Überstunden, Lohn- und Kirchensteuern, pauschalierte Lohnsteuer, alle in Sachwerten oder Sachleistungen gewährten Vergütungen zu den Personalaufwendungen.

---

[33] Vgl. Lemmen, Stefan / Niemann, Walter / Peusquens, Herbert / Wohlgemuth, Michael, a.a.O., Rn. 2059
[34] Vgl. Zülch, Henning, a.a.O., S. 736, 737

Kein Personalaufwand sind hingegen pauschalierte Spesen für Reisen, Verpflegung und Übernachtung, sowie alle Aufwendungen für den Aufsichtsrat, Beirat und selbständige Vertreter. Diese stellen sonstige betriebliche Aufwendungen dar.[35] Leistungen nach Beendigung des Arbeitsverhältnisses, wie Renten, Jubiläumsgelder, Versorgungsleistungen im Falle Erwerbsunfähigkeit etc. fallen ebenfalls unter den Personalaufwand.

Unterschiede zum HGB können sich bei den Pensionsrückstellungen ergeben, da die Höhe des Pensionsaufwands nach IAS/IFRS und HGB voneinander abweichen.[36]

2.2.1.2.6 Abschreibungen

Die Abschreibungen setzen sich aus allen planmäßigen und außerplanmäßigen Abschreibungen auf aktivierte Vermögenswerte des immateriellen und des Sachanlagevermögens zusammen. Auch Abschreibungen auf geleaste Vermögenswerte sind hier zu nennen, soweit es sich um ein Finanzierungsleasing handelt. Abschreibungen auf Wertpapiere des Umlaufvermögens und auf Finanzanlagen sollten innerhalb des Finanzergebnisses angesetzt werden. Dies entspricht der Regelung des HGB. Fallen Abschreibungen auf aktivierte Entwicklungskosten an, sind diese als solche in der GuV aufzuführen.[37]

2.2.1.2.7 Sonstige betriebliche Aufwendungen und Erträge

Alle übrigen Erträge, die keine Erlöse, jedoch Bestandteil des Ergebnisses aus der gewöhnlichen Geschäftstätigkeit darstellen, sind sonstige betriebliche Erträge. Dies sind alle Aktivitäten, die die Hauptaktivitäten fördern.

Zum Beispiel sind dies Erträge, die aus dem Abgang von Vermögenswerten des Anlagevermögens stammen, Erträge aus der gelegentlichen Vermittlung oder Vermietung sowie Versicherungsentschädigungen.[38] Des weitern werden nun auch Erträge hierunter erfasst, die vor den Änderungen durch das Improvement Project als außerordentlich definiert wurden.[39]

---

[35] Vgl. Lemmen, Stefan / Niemann, Walter / Peusquens, Herbert / Wohlgemuth, Michael, a.a.O., Rn. 2103
[36] Vgl. Zülch, Henning, a.a.O., S. 737
[37] Vgl. Schlüter, Jörg, a.a.O., S. 388
[38] Vgl. Kirsch, Hanno, a.a.O., S. 278
[39] Vgl. Schlüter, Jörg, a.a.O., S. 383

Die sonstigen betrieblichen Aufwendungen (other operating expenses) sind das Pendant zu den sonstigen betrieblichen Erträgen. Es sind solche Aufwendungen, die im Ergebnis der gewöhnlichen Geschäftstätigkeit auszuweisen sind, jedoch keine Aufwendungen im unmittelbaren Zusammenhang mit der Erzeugung der Umsatzerlöse darstellen.[40] Dieser Posten repräsentiert auch einen Sammelposten, da alle Aufwendungen, die nicht in die obigen Posten fallen, hierunter zu vermerken sind. Hierunter fallen z. B. Aufwendungen aus Wertminderungen von Vermögenswerten des Sachanlagevermögens sowie von immateriellen Vermögenswerten, Aufwendungen aus Drohverlustrückstellungen, Forschungsaufwendungen, nicht aktivierbare Entwicklungsaufwendungen, Aufwendungen aus Wertberichtigungen auf Forderungen aus Lieferung und Leistungen, Verluste aus langfristigen Fertigungsaufträgen, Aufwendungen resultierend aus einem Operate-Leasing-Verhältnis[41], sowie nun auch Aufwendungen, die vor den Änderungen durch das Improvement Project außerordentliche Aufwendungen waren.[42]

Bei diesem Posten treten meist Abweichungen zum HGB auf, da Aufwandsrückstellungen oder Sonderposten mit Rücklageanteil nach IAS/IFRS nicht passiviert werden dürfen und somit nicht das Betriebsergebnis belasten.[43]

2.2.2 Umsatzkostenverfahren

2.2.2.1 Definition

Die Ausgangsbasis beim Umsatzkostenverfahren bilden die Umsatzerlöse. Diesen werden die Herstellungskosten gegenübergestellt. Das sind jene Aufwendungen, die für die Herstellung der abgesetzten Erzeugnisse angefallen sind. Aufwendungen für Vermögensgegenstände, die in dieser Periode nicht abgesetzt wurden, werden nicht erfasst.[44] Daraus folgt, dass im UKV ein Posten Bestandsveränderung nicht notwendig ist; der Jahresüberschuss/-fehlbetrag ist trotzdem bei beiden Verfahren derselbe. Folgendes Beispiel soll dies verdeutlichen:

---

[40] Vgl. Kirsch, Hanno, a.a.O., S. 279
[41] Vgl. Hinz, Michael, a.a.O., S. 179
[42] Vgl. Schlüter, Jörg, a.a.O., S. 383
[43] Vgl. Zülch, Henning, a.a.O., S. 737
[44] Vgl. Lemmen, Stefan / Niemann, Walter / Peusquens, Herbert / Wohlgemuth, Michael, a.a.O., Rn. 2352

Ein Unternehmen produziert von einem Artikel 150 Stück zu Stückkosten von 230 €. Der Verkaufspreis für einen Artikel beläuft sich auf 300 €, es wurden 120 Stück verkauft.[45]

Nach dem **Gesamtkostenverfahren** ergibt sich folgendes Ergebnis:

Umsatzerlöse	36.000 €	(120 St. x 300 €)
+ Bestandserhöhung	6.900 €	(30 St. x 230 €)
= Gesamtleistung	42.900 €	
./. Aufwendungen	34.500 €	(150 St. x 230 €)
= Ergebnis aus gewöhnlicher Geschäftstätigkeit	8.400 €	

Das Ergebnis in Höhe von 8.400 € wird auch nach dem **Umsatzkostenverfahren** erzielt:

Umsatzerlöse	36.000 €	
./. Herstellungskosten	27.600 €	(120 St. x 230 €)
= Ergebnis aus gewöhnlicher Geschäftstätigkeit	8.400 €	

Bei der Berechnung nach dem Gesamtkostenverfahren muss zu den Umsatzerlösen eine Bestandserhöhung addiert werden. Jene ergibt sich aus den 30 produzierten, aber nicht verkauften Stück multipliziert mit den angefallenen Kosten. Nach der Addition ergibt sich eine Gesamtleistung in Höhe von 42.900 €. Subtrahiert man davon die insgesamt angefallenen Aufwendungen aller produzierten Stück ist ein Ergebnis von 8.400 € ersichtlich.

Bei Anwendung des Umsatzkostenverfahrens werden von den Umsatzerlösen sofort die Herstellungskosten abgezogen. Diese berechnen sich aus der Anzahl der verkauften Stück multipliziert mit den zur Herstellung dieser Stückzahl angefallenen Kosten. Es ergibt sich somit ebenfalls ein Ergebnis in Höhe von 8.400 €.

Neben der Tatsache, dass beim UKV keine Bestandsveränderungen angesetzt werden müssen, besteht ein weiterer Unterschied zum GKV darin, dass die Aufwendungen gegliedert werden. Die Aufwendungen werden nach Bereichen, in denen sie entstanden sind, aufgeteilt, z.B. in Herstellung, Verwaltung und Vertrieb.

---
[45] Vgl. Erichsen, Jörgen, a.a.O., S. 131

Für eine derartige Gliederung ist jedoch eine betriebliche Kostenrechnung unumgänglich, da die Daten nicht mehr aus der Finanzbuchhaltung übernommen werden können.[46]

2.2.2.2 Posten des Ergebnisses der betrieblichen Tätigkeit

2.2.2.2.1 Umsatzerlöse

Bei Anwendung des Umsatzkostenverfahrens sind hinsichtlich der betrieblichen Erträge keine Unterschiede im Vergleich zum Gesamtkostenverfahren zu erkennen. Die Posten Erlöse (revenue) und sonstige betriebliche Erträge (other operating income) entsprechen sich inhaltlich in den beiden Verfahren.[47]

2.2.2.2.2 Umsatzkosten

IAS/IFRS definiert den Begriff Umsatzkosten folgendermaßen: Diese sind Kosten des Herstellungsvorgangs sowie sonstige Kosten, die dafür anfallen assets in ihren gegenwärtigen Zustand zu versetzen bzw. an ihren gegenwärtigen Ort zu transportieren.[48] Das bedeutet, dass sowohl Anschaffungskosten abgesetzter, fremdbezogener Leistungen, als auch Herstellungskosten selbst erstellter und veräußerter Leistungen, Herstellungskosten sind. Weiter sind alle Aufwendungen und Erträge aus Wertminderungen und Wertaufholungen des Vorratsvermögens von in der Produktion genutzten Anlagegüter laut IAS 2.4 hierunter zu erfassen.[49]

Wird das UKV nach dem HGB, erstellt, kann man bei der Definition der Umsatzkosten zu verschiedenen Auffassungen kommen. Die Position der Umsatzkosten bzw. im Deutschen genannt Herstellungskosten der zur Erzielung der Umsatzerlöse erbrachten Leistungen, könnten einerseits zu Vollkosten angesetzt werden, andererseits könnte man sich für ein Wahlrecht beim Ansatz der Herstellungskosten aussprechen, wie es auch bei der Bewertung der Erzeugnisse gemäß § 255 HGB

---

[46] Vgl. Lemmen, Stefan / Niemann, Walter / Peusquens, Herbert / Wohlgemuth, Michael, a.a.O., Rn. 2353
[47] Vgl. Zülch, Henning, a.a.O., S.738
[48] Vgl. Barthèlemy, Frank / Willen, Bernd-Uwe, a.a.O., S. 52
[49] Vgl. Zülch, Henning, a.a.O., S. 738

üblich ist.[50] Vielfach wird argumentiert, dass die Position Herstellungskosten in der GuV wie die Herstellungskosten bei der Bestandsbewertung abzugrenzen sind, da der Begriff Herstellungskosten in beiden Paragraphen (§ 275 Abs. 3 und § 255 Abs. 2 HGB) namensgleich ist und ebenfalls der Grundsatz der Einheitlichkeit der Bewertung dafür sprechen würde.

Im Gegensatz zum deutschen Bilanzrecht unterscheidet IAS/IFRS Umsatzkosten, cost of sales, von den in der Bilanz zu aktivierenden Herstellungskosten, cost. Allerdings sind nach IAS/IFRS keine Wahlrechte bei der Ermittlung der Herstellungskosten gegeben, so dass grundsätzlich andere Voraussetzungen gegeben sind. Nach IAS/IFRS geht der Umfang der Umsatzkosten in der Gewinn- und Verlustrechnung über den Bilanzansatz der Herstellungskosten hinaus.[51]

Laut IAS 2.12 ff. sind in den Umsatzkosten sowohl direkt zurechenbare Einzelkosten als auch systematisch zurechenbare fixe, variable Gemeinkosten enthalten. Das heißt, sämtliche produktbezogene Vollkosten sind zwingend in die Umsatzkosten einzubeziehen, wie Materialeinzel- und Materialgemeinkosten, Fertigungseinzelkosten und Fertigungsgemeinkosten, Sonderkosten der Fertigung, wenn sie auf den Zeitraum der Herstellung zurückgehen.[52]

Folgende Graphik soll die Unterschiede der Behandlung der Einzel- und Gemeinkosten in den verschiedenen Rechnungslegungsarten darstellen, wobei P für Pflichtbestandteil der Herstellungskosten, W für Wahlbestandteil der Herstellungskosten und V für Verbotsbestandteil der Herstellungskosten steht.

	HGB	EStR	IAS	US-GAAP
Materialeinzelkosten	P	P	P	P
Fertigungseinzelkosten	P	P	P	P
Sondereinzelkosten der Fertigung	P	P	P	P
Variable Material- und Fertigungsgemeinkosten	W	P	P	P
Fixe Material- und Fertigungsgemeinkosten	W	P	P	P
Allgemeine Verwaltungskosten (herstellungsbezogen)	W	W	P	P
Allgemeine Verwaltungskosten (nicht herstellungsbezogen)	W	W	V	V
Sondereinzelkosten des Vertriebs	V	V	V	V
Vertriebskosten	V	V	V	V

Abb. 5: Pflicht- und Wahlbestandteile der Herstellungskosten (Quelle: Barthélemy, Frank / Willen, Bernd-Uwe, a.a.O., S. 235)

---

[50] Vgl. Rogler, Silivia, a.a.O., S.1459, 1460
[51] Vgl. Lemmen, Stefan / Niemann, Walter / Peusquens, Herbert / Wohlgemuth, Michael, a.a.O., Rn. 2374
[52] Vgl. Schlüter, Jörg, a.a.O., S. 380

Es ist deutlich zu sehen, dass es in IAS/IFRS und in US-GAAP (United States Generally Accepted Accounting Principle) keine Wahlrechte gibt. Somit entfällt in der internationalen Rechnungslegung auch der Begriff Wertober- und Wertuntergrenze, da sich die beiden Begriffe entsprechen.

Zu den Herstellungskosten gemäß IAS/IFRS zählen somit sämtliche Aufwendungen wie Personalaufwendungen, Materialaufwendungen und Abschreibungen, jedoch nur, wenn sie auf die abgesetzten Erzeugnisse und Leistungen zurechenbar sind. Die Vertriebskosten sind hiervon ausgenommen und sind somit immer in voller Höhe unter dem Bereich Vertrieb auszuweisen.[53]

Eine Ausnahme vom generellen Ansatz zu Vollkosten besteht bei den Fremdkapitalzinsen. Nach IAS 23 sind nur Fremdkapitalzinsen auf qualifizierte Vermögenswerte zu aktivieren. Dies sind solche, für die ein beträchtlicher Zeitraum erforderlich ist, um sie in einen gebrauchs- oder verkaufsfähigen Zustand zu versetzen.[54]

Auch im HGB existiert ein solches Wahlrecht. § 255 Abs. 3 Satz 2 bietet die Möglichkeit, Zinsen für Fremdkapital, das zur Finanzierung der Herstellung eines Vermögensgegenstandes verwendet wird, in die Herstellungskosten mit einzubeziehen, wenn diese auf den Zeitraum der Herstellung entfallen.[55]

2.2.2.2.3 Bruttoergebnis vom Umsatz

Das Bruttoergebnis (gross profit) erhält man, wenn man die Umsatzerlöse mit den Umsatzkosten saldiert. Dieses Ergebnis ist nicht verpflichtend auszuweisen, jedoch ist es bei Mehrjahresvergleichen im Unternehmen und für zwischenbetriebliche Vergleiche von Vorteil.[56] Dieses Ergebnis entspricht bei Anwendung der IAS/IFRS einem produktionsbezogenen, vollkostenorientiertem Ergebnis.[57]

---

[53] Vgl. Kirsch, Hanno, a.a.O., S. 279
[54] Vgl. Lüdenbach, Norbert, Der Ratgeber zur erfolgreichen Umstellung, a.a.O., S. 160
[55] Vgl. Barthélemy, Frank / Willen, Bernd-Uwe, a.a.O., S. 239
[56] Vgl. Schlüter, Jörg, a.a.O., S. 381
[57] Vgl. Lemmen, Stefan / Niemann, Walter / Peusquens, Herbert / Wohlgemuth, Michael, a.a.O., Rn. 2387

2.2.2.2.4 Vertriebskosten

Alle anfallenden Vertriebskosten (distribution costs) sind unter einem eigenen Posten aufzuführen, da es laut IAS 2.16 d verboten ist Vertriebskosten bei den Umsatzkosten auszuweisen. Zu den Vertriebskosten zählen Personal-, Materialaufwendungen und Abschreibungen wenn sie dem Vertriebsbereich zuordenbar sind. Der Vertriebsbereich besteht beispielsweise aus der Marketingabteilung, dem Vertriebsbüro, dem Versandbereich und dem Lager für Fertigerzeugnisse. [58] Vertriebskosten sind somit u.a. Kosten der Fertigungsläger, Vertriebsläger, Verkaufsabteilungen, Verkaufsbüros, Kosten für Marktuntersuchungen, Verkaufsreisen, Ausstellungs- und Messekosten, Frachtkosten, Provisionen, Transportversicherungen. [59] Auch Geschenke und Zuwendungen fallen unter die Vertriebskosten. Die Summe der Vertriebskosten entspricht im Normalfall inhaltlich der Summe nach HGB. [60]

2.2.2.2.5 Allgemeine Verwaltungskosten

Dieser Posten beinhaltet alle Aufwendungen, die nicht der Produktion oder dem Vertrieb zuzuordnen sind und auch nicht aktivierungsfähig sind. Die Umsatzkosten schließen nämlich nur diejenigen Verwaltungskosten (administrative expenses) ein, welche einen unmittelbaren Bezug mit der Produktion aufweisen.
Zu den allgemeinen Verwaltungskosten gehören z. B. Aufwendungen für das Management, das Rechnungswesen, für die Personal-, Finanz-, Rechts-, Steuer-, ITAbteilung. [61]
Somit sind Gehälter von Verwaltungsmitarbeitern, Abschreibungen auf Büroausstattungen, Post- und Telefonkosten sowie nichtproduktionsbezogene Versicherungen und Beiträge allgemeine Verwaltungskosten. [62]

---

[58] Vgl. Kirsch, Hanno, a.a.O., S. 279, 280
[59] Vgl. Lemmen, Stefan / Niemann, Walter / Peusquens, Herbert / Wohlgemuth, Michael, a.a.O., Rn. 2392
[60] Vgl. Zülch, Henning, a.a.O., S. 738
[61] Vgl. Hinz, Michael, a.a.O., S. 179
[62] Vgl. Schlüter, Jörg, a.a.O., S. 382

2.2.2.2.6 Forschungs- und Entwicklungskosten

Gemäß IAS 38.7 besteht ein Verbot Forschungskosten zu aktivieren, Kosten der Entwicklung sind allerdings unter bestimmten Voraussetzungen zu aktivieren. Werden die Kosten nicht aktiviert, müssen sie periodenbezogen, aufwandswirksam erfasst werden.[63] Zu diesen Kosten zählen z.B. Aufwendungen für Entwicklungsarbeiten zur Erlangung neuer Erkenntnisse, sowie für Entwürfe und Testreihen.[64]

Es steht dem Unternehmen frei, ob es diese Kosten separat in der Gewinn- und Verlustrechnung ausweist oder im Anhang offen legt. Wird kein Posten Forschungs- und Entwicklungskosten gebildet, sind die Kosten unter den sonstigen betrieblichen Aufwendungen zu erfassen.[65]

Entscheidet sich ein Unternehmen für den separaten Ausweis der Forschungs- und Entwicklungskosten, sind unter diesem Posten u.a. Aufwendungen für Material, Löhne und Gehälter, Abschreibungsaufwand auf das Anlagevermögen, das in der Forschungs- und Entwicklungsabteilung eingesetzt wird, Kosten der von konzernfremden Unternehmen erbrachten Forschungs- und Entwicklungsarbeiten sowie indirekte Kosten zu erfassen, sofern sie mit der Forschungs- und Entwicklungstätigkeit im Zusammenhang stehen.[66]

2.2.2.2.7 Sonstige betriebliche Aufwendungen und Erträge

Die sonstigen betrieblichen Erträge sind inhaltlich mit denen des GKV deckungsgleich.

Die sonstigen betrieblichen Aufwendungen sind bei Anwendung des Gesamtkostenverfahrens normalerweise höher, da diese beim Umsatzkostenverfahren mehrfach den betrieblichen Aufwendungen zuordenbar sind.[67] Somit fallen im Umsatzkostenverfahren unter diesen Posten nur wenige Aufwendungen an, wie Aufwendungen aus der Bildung von Sonderposten mit

---

[63] Vgl. Schlüter, Jörg, a.a.O., S. 382
[64] Vgl. Engel-Ciric, Dejan, a.a.O., S. 176
[65] Vgl. Schlüter, Jörg, a.a.O., S. 382
[66] Vgl. Engel-Ciric, Dejan, a.a.O., S. 176
[67] Vgl. Schlüter, Jörg, a.a.O., S. 383

Rücklageanteil, Verluste aus Anlagenabgängen und Wechselkursverluste, die nicht mit dem Einkauf von Vorräten zusammenhängen.[68]

2.2.3 Gleiche Posten im Gesamt- und Umsatzkostenverfahren

2.2.3.1 Finanz- und Beteiligungsergebnis

Das Finanzergebnis, the result of financial activities, besteht aus zwei Posten, dem übrigen Finanzergebnis und den Gewinn- und Verlustanteil nach Steuern an assoziierten Unternehmen und Joint Ventures, die nach der Equity-Methode bilanziert werden. Der letzt genannte Posten ist zwingend getrennt auszuweisen. Aufgrund der Änderung des IAS 27 und des IAS 28 durch das Improvement Project ist die Anwendung der Equity-Methode im Einzelabschluss nicht mehr erlaubt. Das bedeutet, dass der gesonderte Ausweis des oben genannten Postens nur noch in einer Konzern-GuV möglich ist.

Weiter ist zu beachten, dass Finanzierungskosten nicht nur als Aufwendungen zu verstehen sind, sondern dass hiermit auch Erträge aus der Kapitalbeschaffung gemeint sind. Finanzierungserträge sind beispielsweise erhaltene Dividenden, Zinserträge aus der Anlage der für die Altersversorgung bestimmten Vermögenswerte, Zinsen und Erträge aus Bankguthaben, Ausleihungen, sonstige Forderungen, Stückzinsen. Unter Finanzierungsaufwendungen fallen u.a. Zinsaufwendungen aus lang- und kurzfristigen Krediten, sonstige Fremdkapitalkosten, Wertminderungen von zu Anschaffungskosten bewerteten Finanzanlagen gem. IAS 36, Aufwendungen aus Sicherungsgeschäften. Zinsen, die unter den Herstellungskosten erfasst werden gehören nicht zu den Finanzierungskosten. Es ist von Vorteil, das Finanzierungsergebnis als Saldogröße in der GuV auszuweisen, da einzelne Erträge und Aufwendungen sowieso im Anhang offen zu legen sind.[69]

Unter Umständen kann der Finanzerfolg in den beiden Verfahren in unterschiedlicher Höhe auftreten, nämlich dann, wenn Zinsen gemäß § 203 Abs. 4 HGB aktiviert werden. Wendet man das Gesamtkostenverfahren an, verändert sich der Zinsaufwand nicht. Es werden allerdings die Bestandsveränderungen bzw. die aktivierten Eigenleistungen beeinflusst.

---

[68] Vgl. Engel-Ciric, Dejan, a.a.O., S.175
[69] Vgl. Schlüter, Jörg, a.a.O., S. 383, 384

Bei Anwendung des Umsatzkostenverfahrens werden die aktivierten Zinsen von den Zinsaufwendungen abgezogen.[70]

2.2.3.2 Ergebnis aus der Aufgabe von Geschäftbereichen

In IAS 35.39 ist geregelt, dass das Ergebnis aus der Aufgabe eines Geschäftsbereichs zwingend in der Gewinn- und Verlustrechnung auszuweisen ist. Ebenso ist nach dem neuen Mindestgliederungsschema ein Posten für Gewinne/Verluste aus Geschäftsbereichen, die eingestellt werden sollen, vorhanden. Von der Aufgabe eines Unternehmensbereiches spricht man, wenn das bilanzierende Unternehmen einen Plan für die künftige Aufgabe des Unternehmensbereiches aufstellt, der Unternehmensbereich ein bedeutendes Tätigkeitsfeld des bilanzierenden Unternehmens ist bzw. eine geographische Region erfasst und das bilanzierende Unternehmen den betrachteten Unternehmensbereich für Zwecke der Jahresabschlusserstellung von anderen Bereichen des Unternehmens abgrenzen kann.[71]

Liegt eine solche Aufgabe eines Geschäftsbereichs vor, sind laut IAS 35.39 35.31a 35.40 35.27 folgende Informationen, beginnend in dem Jahresabschluss, in dem das Unternehmen die Aufgabeentscheidung getroffen hat bzw. einen Verkaufsvertrag abgeschlossen hat, offen zu legen:[72]

- den Gewinn bzw. Verlust resultierend aus dem Abgang von Vermögenswerten oder der Tilgung von Schulden des aufzugebenden Unternehmensbereiches,
- Aufwendungen und Erträge aus der gewöhnlichen Geschäftstätigkeit des aufzugebenden Unternehmensbereiches,
- das Ergebnis vor Steuern aus der gewöhnlichen Tätigkeit des aufzugebenden Unternehmensbereiches und
- den Teil des Ertragsteueraufwandes, der auf das Ergebnis der gewöhnlichen Tätigkeit des aufzugebenden Unternehmensbereiches fällt.

---

[70] Vgl. Egger, Anton, a.a.O., S. 131
[71] Vgl. Zülch, Henning, a.a.O., S. 740
[72] Vgl. Kirsch, Hanno, a.a.O., S. 281, 282

Werden mehrere Unternehmensbereiche aufgegeben so besagt IAS 35.38 dass die aufgezählten Informationen für jeden Unternehmensbereich gesondert ausgewiesen werden müssen.[73]

2.2.3.3 Ergebnis vor Steuern

Das Ergebnis vor Steuern ergibt sich durch Saldierung der bisher genannten Posten und stellt eine Zwischensumme dar. Dieses Ergebnis könnte man eigentlich auch als Ergebnis vor Ertragsteuern nennen, da in IAS/IFRS kein separater Ausweis von sonstigen Steuern verlangt wird und diese entweder unter den jeweiligen Aufwandsposten aufzuführen sind oder aber unter den sonstigen betrieblichen Aufwendungen und Erträgen.[74]

2.2.3.4 Ertragsteueraufwand

Nach IAS 1.81 ist ein gesonderter Ausweis des Steueraufwands (tax expense) vorgeschrieben. Welche Arten von Steuern hier gemeint sind ist in dem Standard jedoch nicht enthalten. Exemplarische Gewinn- und Verlustrechnungen in der Guidance of Implementing IAS 1 nennen jedoch nur einen Posten „income tax expense", daraus kann geschlossen werden, dass der Steueraufwand nur den Ausweis von Gewinnsteuern vorsieht.[75] Das heißt sonstige Steuern, wie Substanz-, Verbrauchs- und Verkehrsteuern, sind unter den dazugehörigen Aufwandsposten oder im Posten sonstige betriebliche Aufwendungen zu erfassen.[76]

Weiter ist der Begriff Steueraufwand ebenso wie die oben dargestellten Finanzierungskosten weiter zu verstehen und beinhaltet nicht nur Steueraufwendungen sondern auch Steuererträge. Als Beispiele sind zu nennen: Steuererträge aus der Auflösung von Steuerrückstellungen, Steuererstattungen aufgrund von Verlustrückträgen und Entlastungen aus der Aktivierung von Verlustvorträgen.

---

[73] Vgl. Zülch, Henning, a.a.O., S. 740
[74] Vgl. Schlüter, Jörg, a.a.O., S. 384
[75] Vgl. Lüdenbach, Norbert, IAS/IFRS Kommentar, a.a.O., S. 105
[76] Vgl. Hinz, Michael, a.a.O., S.180

Gemäß IAS 12.5 beinhaltet der Steueraufwand die tatsächlichen und latenten Steueraufwendungen und Steuererträge, d.h. auch Währungsdifferenzen aus latenten Auslandssteuerschulden oder Auslandssteueransprüchen sind hier auszuweisen.[77] Die Bewertung der Ertragsteuern ist bei laufenden und latenten Steuern unterschiedlich. Tatsächliche Ertragsteuern werden mit dem Betrag bewertet, der voraussichtlich gezahlt werden muss bzw. der voraussichtlich erstattet wird (IAS 12.46 ff). Dahingehend sind latente Steuern anhand der Steuervorschriften und Steuersätze zu bewerten, welche zum Zeitpunkt der Umkehrung der Steuerlatenzen gültig sind.

2.2.3.5 Ergebnis nach Steuern

Das Ergebnis nach Steuern ergibt sich, wenn man das Ergebnis vor Steuern mit dem Ertragsteueraufwand saldiert. Dieses Ergebnis kann dem Periodenergebnis entsprechen, wenn es sich bei dem Unternehmen nicht um eine Konzern-GuV handelt bzw. der Konzern keine Minderheitsgesellschafter besitzt.

2.2.3.6 Erweiterungen der GuV

Handelt es sich bei vorliegendem Unternehmen um einen Konzern, in dem es Minderheitsgesellschafter gibt, so ist in der GuV gemäß IAS 1.82 i.V.m. IAS 27.33 anschließend an das Ergebnis nach Steuern ein Posten Ergebnisanteile von Minderheiten aufzuführen.[78]

Laut den Standards 2003 ist der Gesamtbetrag der vor dem Bilanzstichtag beschlossenen Dividende für das betreffende Geschäftsjahr und die dementsprechende Dividende je Aktie auszuweisen. Der Ausweis kann gemäß IAS 1.95 entweder in der GuV, der Eigenkapitalveränderungsrechnung oder im Anhang erfolgen. Zu beachten ist, dass diese Regel nicht für Dividenden gilt, die erst nach dem Bilanzstichtag beschlossen werden (IAS 10.11). Wird eine Dividende nach dem Abschlussstichtag aber vor der Freigabe der Veröffentlichung des Abschlusses beschlossen, so ist dies im Anhang in Übereinstimmung mit IAS 11.16 auszuweisen.

---

[77] Vgl. Zülch, Henning, a.a.O., S. 739
[78] Vgl. Schlüter, Jörg, a.a.O., S. 385, 386, 389

Ferner schreibt IAS 33.66 i.V.m. IAS 33.2 allen Unternehmen, die Stammaktien öffentlich handeln vor, dass für sämtliche dargestellte Perioden ein Ausweis des unverwässerten bzw. verwässerten Ergebnisses je Aktie in der GuV aus fortzuführenden Geschäftsbereichen, aus einzustellenden Geschäftsbereichen und in Bezug auf das Periodenergebnis zu erfolgen hat. Dabei ist es laut IAS 33.69 unerheblich, ob die angegebenen Beträge positiv oder negativ sind. Der Unternehmer hat die Beträge im Anschluss an das Periodenergebnis in der GuV auszuweisen. Eine bloße Angabe im Anhang ist mit Ausnahme des Ergebnis je Aktie aus einzustellenden Geschäftsbereichen nicht ausreichend (IAS 33.68).

Treten erfolgswirksam zu erfassende Änderungen von Schätzungen auf besagt IAS 8.28 dass die zu treffenden Korrekturen jeweils unter dem Posten auszuweisen sind, in denen auch die Schätzung vorgenommen wurde. Eine Erweiterung der GuV-Gliederung ist nicht vorzunehmen.

Ebenfalls ist es nach IAS/IFRS nicht erforderlich eine gemäß § 158 Aktiengesetz (AktG) entsprechende Gewinnverwendungsrechnung in der GuV aufzuführen. Veränderungen des Eigenkapitals sind in der Eigenkapitalveränderungsrechnung zu tätigen.[79]

2.2.4 Vor- und Nachteile der Verfahren

2.2.4.1 Vorzüge des Gesamtkostenverfahrens

Eine Gewinn- und Verlustrechnung nach dem Gesamtkostenverfahren ist sehr einfach aufzustellen, da die Daten meist direkt aus der Finanzbuchhaltung übernommen werden können und eine Kostenrechnung nicht unbedingt notwendig ist.
Es ist ersichtlich wie sich der Materialaufwand, die Abschreibungen und der Personalaufwand im Vergleich zur Gesamtleistung des Unternehmens entwickeln.
Schließlich gibt es beim Gesamtkostenverfahren keine Probleme bei der Zurechnung der Aufwendungen auf die einzelnen Funktionsbereiche.
Da das Gesamtkostenverfahren die Gesamtleistung des Unternehmens der vergangenen Periode anzeigt, ist es z.B. bei der langfristigen Fertigung aussagefähiger. Aufgrund des Realisationsprinzips ist die jährliche Gesamtleistung

---

[79] Vgl. Schlüter, Jörg, a.a.O., S. 389, 390

nämlich bis zur Fertigstellung den Umsatzerlösen zuzurechnen.[80] Somit ist dieses Verfahren für diverse Branchen besser geeignet als das Umsatzkostenverfahren, wie z.B. bei Langfristfertigung und beim Anlagenbau.[81]
Da die Abschreibungen offen gezeigt werden, ist im Gesamtkostenverfahren die Selbstfinanzierungskraft des Unternehmens ersichtlich.[82]
Manche Befürworter des Gesamtkostenverfahrens führen auch an, dass sich in diesem Verfahren die Aufwendungen klar voneinander abgrenzen lassen, was hingegen im Umsatzkostenverfahren nicht möglich ist. Folgende Kreisdarstellung zeigt die großen Überlappungszonen im Umsatzkostenverfahren.

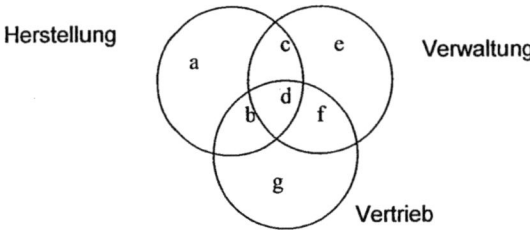

Abb.6: Abgrenzungsprobleme beim UKV (Quelle: Chmielewicz, Klaus, a.a.O., S. 37)

So sind Aufwendungen, die im GKV vollständig im Vertriebsbereich anfallen, im UKV auf Verwaltung, Herstellung und Vertrieb aufgeteilt. Die Zonen können in unterschiedlichen Perioden bzw. verschiedenen Unternehmen unterschiedlich erfasst werden. Eine klare Abgrenzung der Posten, welche nur im Gesamtkostenverfahren möglich ist, steigert jedoch den Informationswert und die Vergleichbarkeit der Gewinn- und Verlustrechnung.
Weiter haben Unternehmen im GKV auch weniger Gestaltungsspielraum, so ist es im Umsatzkostenverfahren möglich bewusste Verzehrungen herbeizuführen. Bei hohen Verwaltungskosten kann das Unternehmen diese evtl. den Vertriebskosten oder den Herstellungskosten zuordnen.[83]

---

[80] Vgl. Barthèlemy, Frank / Willen, Bernd-Uwe, a.a.O., S. 232
[81] Vgl. Reuter, Michael / Zwirner, Christian, Erfolgsrechnung nach dem UKV, a.a.O., S. 620
[82] Vgl. Engel-Ciric, Dejan, a.a.O., S. 176, 177
[83] Vgl. Chmielewicz, Klaus, a.a.O., S. 37

2.2.4.2 Vorzüge des Umsatzkostenverfahrens

Da das Umsatzkostenverfahren sowohl für die Anwendung der IAS/IFRS und der US-GAAP kompatibel ist, wird dieses Verfahren international am häufigsten aufgestellt und dient damit einer besseren Vergleichbarkeit.[84]
Im Umsatzkostenverfahren wird der gesamte Periodenaufwand und die Gesamtleistung der Periode dargestellt. Da die Aufwendungen nach Funktionsbereichen in Herstellung, Verwaltung und Vertrieb aufgeteilt werden ist ein detaillierter Einblick in die Kostenstruktur des Unternehmens möglich.[85] Es lässt sich erkennen für welche Bereiche Kosten angefallen sind, wodurch auch der wirtschaftliche Zweck des Aufwands der Leistungserstellung offensichtlich wird.[86]
Mit dem Umsatzkostenverfahren sind weiter Kennzahlen einfacher zu bilden, da die Verkaufsleistung und der dafür angefallene Aufwand aus dem Verfahren zu entnehmen ist.
Ferner lässt sich auch ohne großen Aufwand eine Produktergebnisrechnung darstellen. Dazu wird das Bruttoergebnis als Differenz des Umsatzes und der Herstellungskosten des Umsatzes sowie die übrigen Kosten wie Vertrieb, Verwaltung, Forschung- und Entwicklung aufgezeigt. Besteht schließlich eine entsprechende Gliederung der Produktarten ist eine Produktergebnisrechnung darstellbar.[87]
Die meisten Befürworter des Umsatzkostenverfahrens führen an, dass diese Darstellung weitaus höheren Informationsgehalt hat. Dabei ist hier zu beachten, dass dies nur richtig ist, wenn man zur Betrachtung der GuV auch den Anhang mit einbezieht. Bei bloßer Betrachtung der GuV nach dem Umsatzkostenverfahren ist der Informationswert weitaus geringer als beim Gesamtkostenverfahren.[88]

2.2.4.3 Fazit

Bei Betrachtung genannter Kriterien kann nicht festgestellt werden, dass eines der beiden Verfahren überlegen ist. Es bestehen keine überzeugenden Gründe für oder gegen die Anwendung eines Gesamtkostenverfahrens bzw. eines

---

[84] Vgl. Barthèlemy, Frank / Willen, Bernd-Uwe, a.a.O., S. 232
[85] Vgl. Reuter, Michael / Zwirner, Christian, Erfolgsrechnung nach dem UKV, a.a.O., S. 620
[86] Vgl. Miessl, Gerold, a.a.O., S. 484
[87] Vgl. Barthèlemy, Frank / Willen, Bernd-Uwe, a.a.O., S. 232
[88] Vgl. Chmielewicz, Klaus, a.a.O., S. 38

Umsatzkostenverfahrens. Vielmehr ist die Entscheidung für eine Darstellungsart entscheidend von der Art und Struktur des Unternehmens abhängig z.b. in welcher Branche das Unternehmen tätig ist, wie das interne Rechnungswesen aufgebaut ist, welcher Adressatenkreis vorhanden ist und v.a. inwieweit das Unternehmen international eingebunden ist.[89]

2.3 Wesentliche Unterschiede der GuV nach IAS/IFRS zum HGB

Vergleicht man obenstehende Ausführung der GuV nach IAS/IFRS mit den Vorschriften des HGB lassen sich zusammenfassend wesentliche Unterschiede erkennen:

- Im HGB werden Reihenfolge und Ort des Ausweises von Aufwendungen und Erträgen für Kapitalgesellschaften und bestimmte Personengesellschaften detailliert geregelt. In den Standards existiert dahingehend nur eine Mindestgliederung.

- Der Begriff der außerordentlichen Erträge und Aufwendungen ist im IAS/IFRS enger gefasst als im HGB. Hier nur solche Aufwendungen und Erträge einzubeziehen, auf die die Unternehmensleitung keinen Einfluss hat und die nicht regelmäßig wiederkehren.

- Steuerposten, die in einer GuV nach HGB ausgewiesen werden, beziehen sich auf das gesamte Unternehmensergebnis. Im Gegensatz dazu beziehen sich Steueraufwendungen im IAS/IFRS nur auf das Ergebnis der gewöhnlichen Geschäftstätigkeit.

- Im HGB existiert im Vergleich zu IAS/IFRS keine Vorschrift über den Ausweis eines Ergebnisses aus der Aufgabe von Unternehmensbereichen. Ein solches Ergebnis ist in der deutschen Rechnungslegung meistens unter dem Posten des außerordentlichen Ergebnisses zu finden.[90]

---

[89] Vgl. Fröschle, Gerhart, a.a.O., S. 1069
[90] Vgl. Zülch, Henning, a.a.O., S. 743

- Des weitern ist es nach IAS/IFRS für Unternehmen mit börsennotierten Wertpapieren verpflichtend im Rahmen der Gewinn- und Verlustrechnung einen Gewinn pro Aktie auszuweisen (earnings per share).

- Ein weiterer grundlegender Unterschied zum HGB ist jener, dass es in IAS/IFRS möglich ist z.B. bei grundlegenden Fehlern aus einer früheren Periode, Korrekturen vorzunehmen ohne die GuV zu berühren. Es werden nur die Eröffnungsbilanzwerte angepasst, wobei hiermit eine Durchbrechung des Bilanzzusammenhangs durchgeführt wird (IAS 8.34).[91]

- Nach § 264 Abs. 1 HGB besteht ein Verrechnungsverbot, welches besagt, dass Aufwendungen nicht mit Erträgen zu saldieren sind. Das bedeutet, dass Erträge aus der Auflösung von Rückstellungen und Erträge aus der Auflösung von Wertberichtigungen auf Forderungen nicht den Funktionsbereichen zuordenbar sind, sondern dass diese zwingend zu den sonstigen betrieblichen Erträgen gerechnet werden müssen. Weiterhin sind auch Zuschreibungen nach außerplanmäßigen Abschreibungen auf Grund des Wegfalls der Wertminderung unter den sonstigen betrieblichen Erträgen auszuweisen und nicht mit den Aufwendungen in den Funktionskosten zu saldieren.

Grundsätzlich herrscht auch nach IAS 1.32 ein Saldierungs- und Verrechnungsverbot zwischen sachlich gleichen Erträgen und Aufwendungen. Dieses wird allerdings durch einzelne Ausnahmen, die in IAS 1.34 und 1.35 genannt sind, durchbrochen. Erlöse aus dem Abgang von Anlagevermögen dürfen mit dem Restbuchwert der Vermögenswerte saldiert werden, ebenso Aufwendungen aus rückstellungspflichtigen Geschäftsvorfällen mit entsprechenden Erstattungsansprüchen gegenüber Versicherungen und Subunternehmen.

Hierzu ein Beispiel:
Ein Bauherr klagt gegen den Bauunternehmer, der jedoch einen vollständigen Rückgriffsanspruch gegen den Subunternehmer hat.

Nach IAS 37.53 muss der Bauunternehmer eine Rückstellung bilden, die dann unter den Herstellungskosten auszuweisen ist. Der Rückgriffanspruch muss aktiviert werden und kann somit mit den Herstellungskosten verrechnet werden.

---

[91] Vgl. Matschke, Manfred, Jürgen / Schellhorn, Mathias, a.a.O., S. 990

Im Vergleich zum HGB würde man hier keine Rückstellung bilden, sondern den Rückgriffsanspruch unmittelbar mit der Garantieverpflichtung saldieren.

Weiter dürfen nach IAS/IFRS, soweit die Beträge nicht wesentlich sind, saldiert werden:
Wechselkursverluste mit –gewinnen, Gewinne aus der Zeitbewertung von Handelswaren mit entsprechenden Verlusten, Aufwendungen aus der Bildung von Wertberichtigungen auf Forderungen mit Erträgen aus der Auflösung von Wertberichtigungen, Zuführungen zu Rückstellungen mit Auflösungen von Rückstellungen. Der Begriff der Wesentlichkeit ist in den Standards nicht näher umschrieben, es bleibt dem Unternehmen überlassen zu definieren was wesentlich bedeutet. Nimmt ein Unternehmer diese Saldierungsmöglichkeiten in Anspruch hat dies zur Folge, dass die sonstigen betrieblichen Erträge schrumpfen.[92]

- Bei Anwendung des Gesamtkostenverfahrens können sich Unterschiede in der Bewertung von Bestandsveränderungen ergeben, da wie oben aufgezeigt nach IAS/IFRS Bestandsveränderungen auf Vollkostenbasis berechnet werden.

Folgendes Beispiel zeigt eine Berechnung nach IAS/IFRS:

Ein Unternehmen produzierte 8.000 Stück des Artikels A, wovon 5.000 Stück zu einem Stückpreis von 10 € verkauft worden sind.

An Kosten fielen an:
Materialaufwand: 3.000 €
Personalaufwand: 8.000 € (davon allgemeine Verwaltungskosten 3.500 €)
Abschreibung Fertigungsanlagen: 4.700 €
Weitere betriebliche Aufwendungen: 1.800 €
                            17.500 €

Nach IAS/IFRS berechnet man die Bestandserhöhung auf Vollkostenbasis. Es ergibt sich somit folgendes Ergebnis:

---

[92] Vgl. Engel-Ciric, Dejan, a.a.O., S. 175, 176

1. Revenues (Umsatzerlöse)	50.000 €
2. Changes in Inventories of Finished Goods (Bestandsveränderungen) (17.500 € / 8.000 Stück x 3.000 Stück)	6.562,50 €
3. Raw Materials used (Materialaufwand)	- 3.000 €
4. Staff Costs (Personalaufwand)	- 8.000 €
5. Depreciation Expenses (Abschreibungen)	- 4.700 €
6. Other Operating Expenses (Sonstige betriebliche Aufwendungen)	- 1.800 €
= Results of operating Activities (Ergebnis der gewöhnlichen Geschäftstätigkeit)	39.062,50 €

Bei Anwendung der deutschen Rechnungslegungsvorschriften kann ein Wahlrecht bezüglich der Verwaltungsgemeinkosten ausgeübt werden. Werden alle Gemeinkosten aktiviert ist das HGB-Betriebsergebnis höher als das IAS/IFRS-Betriebsergebnis, beim Einzelkostenansatz ist es niedriger.[93]

---

[93] Vgl. Buchholz Rainer, a.a.O., S. 249

3. Umstellung vom Gesamtkostenverfahren auf das Umsatzkostenverfahren

3.1 Umsatzkostenverfahren in der Praxis – empirische Ergebnisse

Bei einer durchgeführten Analyse am Institut für Wirtschaftsprüfung der Universität des Saarlandes, Saarbrücken, wurden die Gewinn- und Verlustrechnungen des Geschäftsjahres 2001 bzw. 2000/01 von 205 inländischen Konzernen aus dem Bereich Industrie und Handel, welche im DAX, NEMAX 50, MDAX und SMAX notiert sind, analysiert. Das Ergebnis zeigt, dass von den Unternehmen im DAX rund 80 Prozent der Unternehmen das Umsatzkostenverfahren verwendeten und nur 20.8 Prozent das Gesamtkostenverfahren. Von den Unternehmen im NEMAX 50 wendeten mehr als 70 Prozent das Umsatzkostenverfahren an. Die Unternehmen im MDAX und SMAX dahingehend stellten ihre Gewinn- und Verlustrechnung überwiegend nach dem Gesamtkostenverfahren auf. 40 von 60 Unternehmen, die im MDAX gelistet sind und 85 Prozent der Unternehmen, die im SMAX gelistet sind verwendeten das Gesamtkostenverfahren.

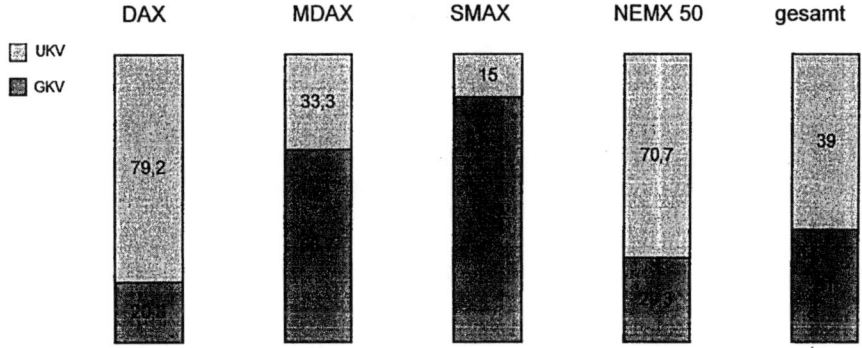

Abb.7: Anteil des UKV in den verschiedenen Börsenindices in Prozent (Quelle: Küting, Karlheinz / Reuter, Michael / Zwirner, Christian, Die Erfolgsrechnung nach dem UKV, a.a.O., S. 16)

Es ist ersichtlich, dass das Umsatzkostenverfahren bei den großen Unternehmen weiter verbreitet ist als bei kleinen Unternehmen, die im MDAX oder SMAX gelistet sind. Hier dominiert weiterhin das Gesamtkostenverfahren. Dies resultiert weitestgehend aus der vermehrten Betätigung großer Unternehmen an weltweit zugänglichen Finanz- und Kapitalmärkten und den damit zusammenhängenden internationalen Interessen.

Betrachtet man die einzelnen Segmente hinsichtlich der Verwendung des GKV und des UKV in Abhängigkeit von den angewandten Rechnungslegungen so zeigt die Untersuchung, dass mit der Bilanzierung nach HGB eine überwiegende Anwendung des Gesamtkostenverfahrens einhergeht und mit der Bilanzierung nach US-GAAP eine Aufstellung der Gewinn- und Verlustrechnung nach dem Umsatzkostenverfahren. Bei Unternehmen, die nach IAS/IFRS bilanzieren, wendeten bereits 33,3 Prozent das Umsatzkostenverfahren an. [94]

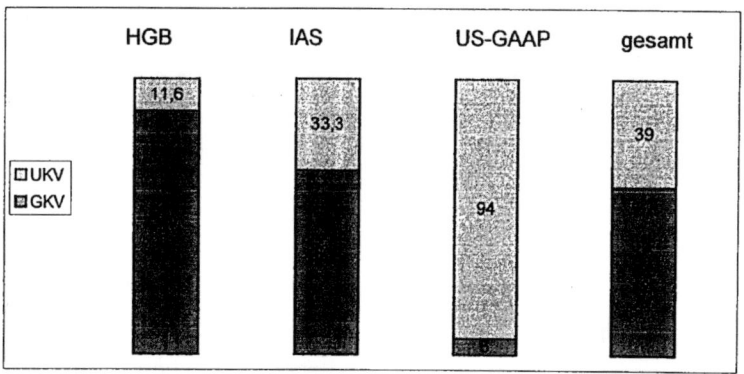

Abb.8: Verwendung des UKV im Zusammenhang mit der angewandten Rechnungslegung (Quelle: Küting, Karlheinz / Reuter, Michael / Zwirner, Christian, Die Erfolgsrechnung nach dem UKV, a.a.O., S. 20)

Geschichtlich war bis zum Jahre 1945 in Deutschland das Umsatzkostenverfahren verpflichtend anzuwenden. Nach Ende des 2. Weltkrieges ging man jedoch auf das Gesamtkostenverfahren über. Die Ursache für die starke Abkehr vom Umsatzkostenverfahren ist wohl in der streng formalen Verknüpfung kalkulatorischer und pagatorischer Rechnung zu sehen. Diese Verknüpfung konnte in Anbetracht der zunehmenden freien Marktwirtschaft in der Vergangenheit nicht länger gewährleistet werden.[95]

---

[94] Reuter, Michael / Zwirner, Christian, Erfolgsrechnung nach dem UKV, a.a.O., S. 618, 619
[95] Vgl. Egger, Anton, a.a.O., S. 125

Eines der ersten Unternehmen, die ihre Erfolgsrechnung wieder auf das Umsatzkostenverfahren umstellte, war die Shering AG im Jahre 1985. Die Statistik zeigt, dass die Anwender des Umsatzkostenverfahrens im Laufe der Zeit immer mehr zunahmen. 1988 stellte bereits ein Drittel der untersuchten Unternehmen, die im DAX gelistet sind, ihre Gewinn- und Verlustrechnung nach dem Umsatzkostenverfahren auf, 1995 waren dies schon 40.9 Prozent und 2001 79,2 Prozent.[96] 1995 formulierte Schildbach die Bestrebungen der Siemens AG, das externe Rechnungswesen auch für die interne Steuerung anzuwenden, wie folgt: „Nicht nur Grundüberzeugungen, sondern die Fundamente der Kostenrechnung in Deutschland als solche werden in Frage gestellt, wenn ein großes deutsches Unternehmen seine gesonderte Betriebsergebnisrechnung aufgibt und statt dessen die gesetzlich vorgeschriebene handelsrechtliche Erfolgsrechnung in der Form des Umsatzkostenverfahrens auch als zentrales internes Informations- und Steuerungsinstrument nutzt." Die Siemens AG hatte bereits 1992 ihre Erfolgsrechnung auf das UKV umgestellt und diese auch für Zwecke des internen Rechnungswesen verwendet.[97]

Zusammenfassend ist zu erkennen, dass durch die zunehmende Internationalisierung der Rechnungslegung auch die Anwendung des Umsatzkostenverfahrens steigt. Für Unternehmen mit internationaler Ausrichtung ist die Aufstellung der GuV nach dem UKV mehr als empfehlenswert, da im angelsächsischen Raum das GKV kaum Anwendung findet. Des weiteren ermöglicht dieses Verfahren zum branchenüblichen Benchmarking und zum Vergleich mit Securities Exchange Comission (SEC)-berichtspflichtigen Konkurrenten.[98] In Ländern wie den USA und Großbritannien verlief die Geschichte des Rechnungswesen anders. Diese wenden das Umsatzkostenverfahren seit den 20iger Jahren an und verwenden in ihrer Gewinn- und Verlustrechnung jedoch nur pagatorische Zahlen. Eine Kostenrechnung wurde immer außerhalb der Finanzbuchhaltung abgewickelt, wodurch eine Umstellung auf das Gesamtkostenverfahren nie notwendig war.[99]

---

[96] Reuter, Michael / Zwirner, Christian, Erfolgsrechnung nach dem UKV, a.a.O., S. 619
[97] Müller, Martin, a.a.O., S. 1
[98] Reuter, Michael / Zwirner, Christian, Erfolgsrechnung nach dem UKV, a.a.O., S. 620
[99] Vgl. Egger, Anton, a.a.O., S. 125

3.2 Motive für die Umstellung auf das Umsatzkostenverfahren

Im Rahmen der bereits oben genannten Studie wurden die Unternehmen auch bezüglich ihrer Gründe für die Umstellung auf das Umsatzkostenverfahren befragt. 71 Prozent der Unternehmen gaben an, dass sie aufgrund der Anwendung internationaler Rechnungslegungssysteme ihr bisheriges GuV Verfahren umstellten wollen. 45,2 Prozent sehen in der internationalen Verbreitung des Umsatzkostenverfahrens eine bessere Vergleichbarkeit der Gewinn- und Verlustrechnung. 12,9 Prozent erwarten sich von der Umstellung eine Arbeitserleichterung aufgrund der Annäherung des externen und internen Rechnungswesens durch die Umstellung und 6,5 Prozent stellen ihre Erfolgsrechnung aufgrund von Unternehmenskäufen durch eine ausländische Gesellschaft, Fusion oder Management-Buy-Out-Vorgänge um.[100]

Teichmann und Nikolic nennen in ihrem Artikel zum Aufbau des Umsatzkostenverfahrens im Mittelstand folgende interne Gründe für eine Umstellung.

Interne Gründe	Externe Gründe
UKV als betriebliches Steuerungsinstrument	Bessere Informationsbasis für Anteilseigner
Abschluss- und Analysezeiten verkürzen sich	Vergleichbarkeit mit internationalen Übernahmekandidaten
Kostenstruktur ist transparenter	Vergleichbarkeit mit US-börsennotierten Unternehmen
Nähe zur Deckungsbeitragsrechnung	Vermehrte Umstellung auf IAS/IFRS aufgrund von Basel II

Abb.9: Interne und externe Gründe für die Umstellung auf das UKV nach Nikolic und Teichmann (eigene Darstellung)

Das Umsatzkostenverfahren kann als betriebliches Steuerungsinstrument genutzt werden. Man benötigt dadurch weniger personelle Verarbeitungskapazitäten, die Abschluss- und Analysezeiten werden verkürzt und es entsteht eine Wertorientierung ausgehend von der strategischen bis hin zur operativen Planung. Auch ist die Kostenstruktur des Unternehmens transparenter und Kosten können mit Erlösen direkt verglichen werden, da die Aufwendungen nach Funktionsbereichen dargestellt werden.[101]

---

[100] Vgl. Reuter, Michael / Zwirner, Christian, Erfolgsrechnung nach dem UKV, a.a.O., S. 622
[101] Vgl. Teichmann Wolfgang / Nikolic Achim, a.a.O., S. 574

Ein weiterer weit verbreiteter interner Grund für die Umstellung auf das UKV ist jener, dass sich in diesem Verfahren der Bruttogewinn eines Geschäftsbereiches sofort erkennen lässt und somit als ein „übergeordneter Deckungsbeitrag" interpretiert werden kann. Es ist somit sichtbar, inwieweit ein Geschäftsbereich die Kosten der Herstellung von Waren und Leistungen tragen kann.[102] Es ist allerdings zu beachten, dass das Bruttoergebnis vom Umsatz im Umsatzkostenverfahren zwar eine Nähe zur Deckungsbeitragsrechnung aufweist, aber mit dieser nicht identisch ist, da die DB-Rechnung noch immer eine Teilkostenrechnung ist. Folgende Abbildung verdeutlicht diesen Sachverhalt:

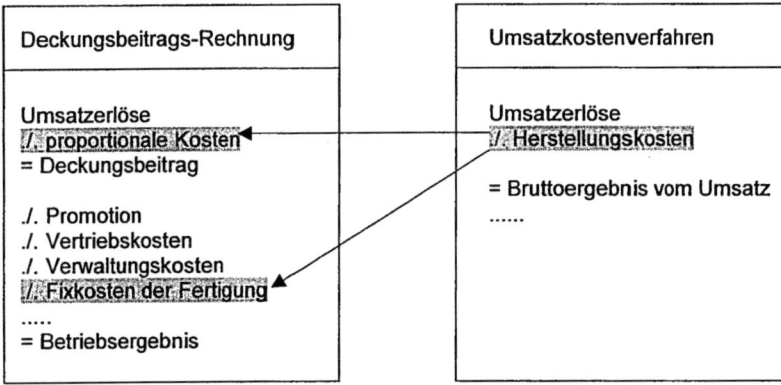

Abb.10: Die Deckungsbeitragsrechnung im Vergleich mit dem UKV (eigene Darstellung)

Neben den genannten internen Gründen fügen Unternehmen auch eine breite Anzahl externer Gründe an, warum sie auf das Umsatzkostenverfahren umgestellt haben bzw. umstellen wollen.

Teichmann und Nikolic argumentieren, dass die Anteilseigner mit dem Umsatzkostenverfahren eine bessere Informationsbasis erhalten, die Prüfungssicherheit erhöht wird und letztlich ein Vergleich mit potentiellen Übernahmekandidaten sowie das Anbieten des eigenen Unternehmens an internationale Käufer ermöglicht wird.[103]

Ferner können Unternehmen, die nach US-GAAP bilanzieren und börsennotiert sind, nicht zwischen Gesamt- und Umsatzkostenverfahren wählen. Die Börsenaufsichtsbehörde SEC schreibt in Regulation S-X, Rule 5-03 vor, dass für die

---

[102] Vgl. Wussow, Sabine, a.a.O., S. 161
[103] Vgl. Teichmann Wolfgang / Nicolik Achim, a.a.O., S. 575

GuV eine Mindestgliederung in Staffelform einzuhalten ist, welche dem Schema des Umsatzkostenverfahrens entspricht. Viele Unternehmen wenden somit nicht zuletzt ein UKV deswegen an, um mit US-börsennotierten Unternehmen der gleichen Branche vergleichbar zu sein.[104] Besondere Zunahme des Umsatzkostenverfahrens wird ebenfalls durch die Verordnung der Europäischen Union vom 19.07.2002 erreicht. Laut dieser Vorschrift müssen kapitalmarktorientierte Unternehmen ab 2005 die IAS/IFRS Normen verbindlich anwenden. Mit einer Umstellung auf die IAS/IFRS geht ebenfalls eine vermehrte Umstellung auf das Umsatz-kostenverfahren einher.

Ebenfalls führen die neuen Kreditvergabebestimmungen von Basel II zu einer ansteigenden Umstellung auf eine internationale Rechnungslegung und somit zu einer vermehrten Anwendung des Umsatzkostenverfahrens. Dies betrifft nicht nur große, sondern auch mittelständische, kleine und mittelgroße Gesellschaften.[105]

3.3 Von der Umstellung betroffene GuV-Positionen

Im Wesentlichen betrifft die Umstellung den Bereich der Aufwendungen, da die Positionen Umsatzerlöse und Jahresüberschuss bzw. Jahresfehlbetrag in beiden Verfahren identisch sind. Das bedeutet, dass sich die Umgliederung meist auf die ersten acht bzw. sieben Zeilen der Gewinn- und Verlustrechnung beschränkt. Die Positionen des Gesamtkostenverfahrens Bestandsveränderung und andere aktivierte Eigenleistungen sind hiernach gegen die Herstellungskosten des Umsatzkostenverfahrens zu kürzen und die Aufwendungen sind anhand von Umrechnungsschlüsseln den Bereichen Herstellung, allgemeine Verwaltung sowie Vertrieb zuzurechnen. Die sonstigen betrieblichen Erträge entsprechen sich meist in beiden Verfahren und können ohne Veränderungen übernommen werden.[106]

---

[104] Vgl. Brösel, Gerrit / Kasperzak, Rainer, a.a.O., S. 562
[105] Vgl.Reuter, Michael, Die Zukunft der mittelständischen Rechnungslegung, a.a.O., S. 172
[106] Vgl. Reuter, Michael / Zwirner, Christian, Überleitung einer GuV, a.a.O., S. 638

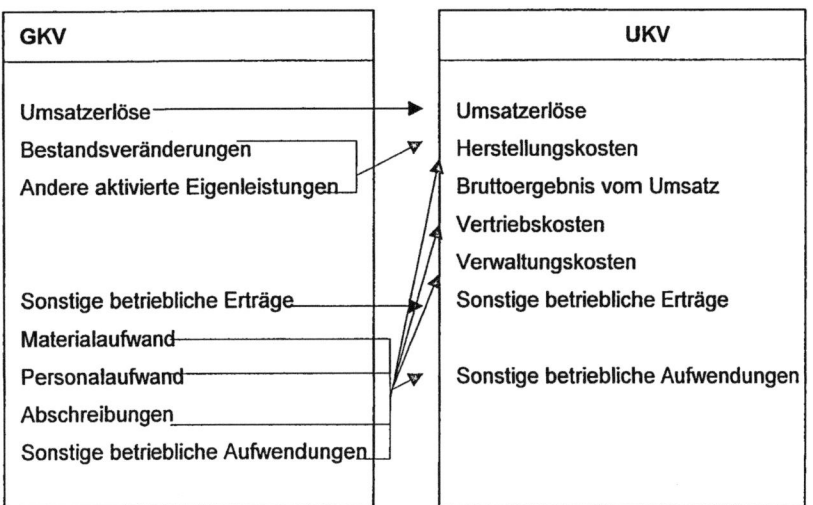

Abb. 11: Umgliederung der Positionen des GKV auf die Posten des UKV (Quelle: Reuter, Michael Zwirner Christian, StuB 14/2004, S. 638)

Folgende GuV-Positionen sind von einer Umstellung der Verfahren betroffen und erfahren meist wesentliche Änderungen:

- Personalaufwand

Im Umsatzkostenverfahren ist der Personalaufwand aufzuteilen in Herstellungskosten des Umsatzes, Vertrieb und allgemeine Verwaltung. Angefallene Löhne sind hierbei immer vollständig Herstellungskosten des Umsatzes, Gehälter sind je nach Verursachung den einzelnen Bereichen zuzuordnen. Aufwendungen für Mitarbeiter des Marketingbereichs sind beispielsweise Vertriebskosten, für Mitarbeiter des Rechnungswesens Verwaltungskosten.[107]

Im Gegensatz zum Gesamtkostenverfahren ist nun der gesamte Personalaufwand in der Gewinn- und Verlustrechnung nicht mehr ersichtlich. Nach IAS 1.93 sind deshalb Personalaufwendungen zwingend im Anhang anzugeben.

- Materialaufwand

Der Materialaufwand ist im UKV immer unter den Herstellungskosten des Umsatzes zu erfassen. Da hier der gesamte Aufwand für Material ersichtlich ist, entfällt die

---

[107] Vgl. Engel Ciric, Dejan, a.a.O., S. 174

Vorschrift den Aufwand auch im Anhang anzugeben, wie es im HGB § 285 Nr.8 vorgeschrieben ist.

- Abschreibungen

Diese sind je nach Verursachung im UKV den Funktionsbereichen zuzuordnen. Demnach gehören Abschreibungen für Fertigungsanlagen, Patente, Lizenzen etc. zu den Herstellungskosten des Umsatzes und Abschreibungen auf Bürogebäude je nach Nutzung zu den Bereichen Vertrieb, Verwaltung und Fertigung. Fallen Abschreibungen für Wertpapiere des Umlaufvermögens an, sind diese dem Finanzergebnis zuzuteilen. Die Aufwendungen für Abschreibungen sind wie die Personalaufwendungen nach IAS 1.93 im Anhang anzugeben.

- Sonstige betriebliche Aufwendungen

Wie bereits im Punkt 2.2.2.2.7 erwähnt ist dieser Posten im Umsatzkostenverfahren inhaltlich wesentlich geringer als im Gesamtkostenverfahren, da sich die Aufwendungen im UKV weitgehendst auf die Funktionsbereiche aufteilen lassen. Mieten für Lagerhallen sind somit Herstellungskosten des Umsatzes und Mieten für Bürogebäude kommen in den Bereich der Verwaltung oder Vertrieb. Zuführungen zu Rückstellungen für erwartete Verluste aus abgeschlossenen Verkaufsverträgen und zu Garantierückstellungen sind Herstellungskosten des Umsatzes, Zuführungen zu Pensionsrückstellungen sind je nach der Zugehörigkeit der Mitarbeiter auf die Funktionen aufzuteilen. Bei der Handhabung von Aufwendungen aus der Zuführung zu Wertberichtigungen auf Forderungen ist man sich nicht einig, diese können im Umsatzkostenverfahren entweder unter den sonstigen betrieblichen Aufwendungen erfasst werden oder aber unter den Verwaltungs- bzw. Vertriebskosten.

- Sonstige Steuern

Sonstige Steuern, wie Grund-, Kfz-, Versicherungssteuern sind ebenfalls auf die einzelnen Funktionen aufzuteilen. Ausfuhrzölle sind als Vertriebskosten zu behandeln, es sei denn sie werden als Erlösminderung betrachtet.[108]

---

[108] Vgl. Engel-Ciric, Dejan, a.a.O., S. 175

3.4 Theoretische Vorgehensweise zur Überleitung

IAS 1.27 regelt die Darstellungsstetigkeit. Dies bedeutet, dass ein Unternehmen nicht während, sondern nur zu Beginn eines Jahres auf das UKV umstellen darf. Eine Umstellung am Anfang eines Geschäftsjahres bringt zusätzlich Vorteile mit sich. So können unterjährige Auswertungen im Rechnungswesen und Controlling sichergestellt werden und ein Strukturbruch im laufenden Geschäftsjahr kann verhindert werden.[109]

Bezüglich des einzuplanenden Zeitbedarfs bei der Umstellung ergab die Untersuchung bei der bereits oben genannten Studie folgende Aussagen. Die befragten Unternehmen benötigten zur kompletten Umstellung der GuV auf das UKV im Durchschnitt 8 Monate. Der am meist genannte Wert zum Zeitbedarf der Umstellung war hierbei 6 Monate, der kleinste 1 Monat und der größte 24 Monate.

Bei der Überleitung vom Gesamtkosten- auf das Umsatzkostenverfahren tritt nun als nächstes die Frage auf, wie sich die auf der Kostenstruktur des Gesamtkostenverfahrens ausgerichteten Daten der Finanzbuchhaltung in die Struktur des Umsatzkostenverfahrens überführen lassen. Für die Aufteilung der Aufwandsarten auf die Bereiche Herstellung, Verwaltung und Vertrieb ist in den häufigsten Fällen eine Kostenstellen- und/oder Kostenträgerrechnung notwendig, um mittels Schlüsselung wesentliche Teile der angefallenen Gemeinkosten auf die Bereiche zu verteilen.[110]

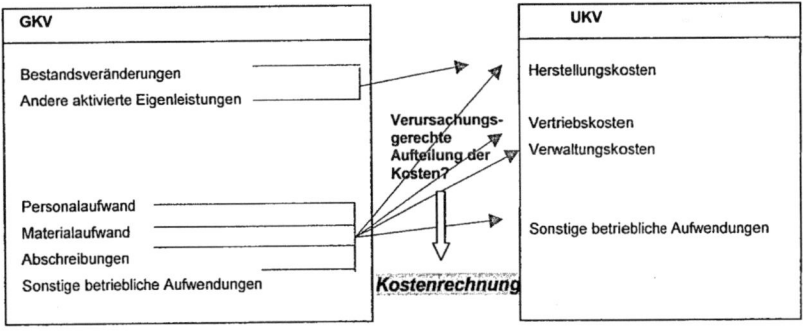

Abb.12: Problematik der verursachungsgerechten Aufteilung (eigene Darstellung)

---

[109] Vgl. Krimpmann Andreas, a.a.O., S. 14
[110] Vgl., Reuter, Michael / Zwirner, Christian, Erfolgsrechnung nach dem UKV, a.a.O., S. 621,622

Bei der verursachungsgerechten Aufteilung der Kosten liegt in der Praxis das größte Problem. Um eine sachgerechte Schlüsselung vornehmen zu können muss man zwingend wissen, welche Aufwendungen in den einzelnen Funktionsbereichen entstanden sind. Nur so können diese dann richtig umgelegt werden.[111] Die Standards machen hierbei keine Aussage über die verursachungsgerechte Aufteilung der Kosten. Die IAS/IFRS stellen dies dem Unternehmen frei, um unternehmensspezifische Gegebenheiten berücksichtigen zu können. Jedes Unternehmen muss detailliert untersuchen, welche Kosten wofür anfallen. Dies kann unter Umständen zu starken Diskussionen bei den Beteiligten führen, da es zur Offenlegung der verbrauchten Kosten kommt.

Idealerweise existiert im Unternehmen ein Kontenplan mit Kostenstellenrechnung, der die Umstellung vom Gesamtkostenverfahren auf das Umsatzkostenverfahren erleichtert. Besteht ein Kostenrechnungssystem hilft jenes bei der Zuordnung der Aufwandsarten auf die entsprechenden Funktionen. Existiert solch ein System nicht im Unternehmen, müssen die Aufwendungen zum Teil auf Basis von Schätzungen den Funktionsbereichen zugeordnet werden.[112] Mit Hilfe einer Kostenträgerrechnung ist es möglich, Umsätze den Herstellungskosten zuzuordnen. Die Zuordnung erfolgt dabei meist mit Hilfe eines Betriebsabrechnungsbogens. Die Kostenstellenrechnung verteilt die Kosten auf die Betriebsbereiche. Zum Zwecke der Erstellung der Gewinn- und Verlustrechnung sind die Kosten auf die betrieblichen Funktionsbereiche Produktion, Material, Verwaltung und Vertrieb verursachungsgerecht aufzuteilen.[113]

Bei der Zuordnung ist jedoch zu beachten, dass diese nicht willkürlich erfolgt, sondern auf die handelsrechtlichen Erfordernisse Rücksicht nimmt, d.h. auch, dass rein kalkulatorische Kosten, die im internen Rechnungswesen Anwendung finden, eliminiert werden müssen.[114]

Im Angelsächsischen Bereich, wo das Umsatzkostenverfahren vorherrschend ist, wird anders verfahren. Hier werden die Funktionsbereiche aus den Konten der Finanzbuchhaltung abgeleitet. D.h. ein Vorgang der verschiedene Funktionsbereiche anspricht, wird auf mehrere Konten verbucht, die inhaltlich den gleichen Aufwand darstellen, jedoch unterschiedliche Funktionsbereiche abdecken.

Da hingegen in der europäischen Rechnungslegung für die Differenzierung der Funktionsbereiche weitgehend Objekte der Kostenstellen verwendet werden, wie z.B.

---

[111] Vgl., Reuter, Michael / Zwirner, Christian, Überleitung einer GuV, a.a.O., S. 638
[112] Vgl. Engel-Ciric, Dejan, a.a.O., S. 174
[113] Vgl. Böttger, Christian, a.a.O., S. 273, 274
[114] Vgl. Reuter, Michael / Zwirner, Christian, Erfolgsrechnung nach dem UKV, a.a.O., S. 621

Kostenstellen ist es zwingend erforderlich, dass Finanzbuchhaltung und Kostenrechnung miteinander harmonisieren. Diese Harmonisierung kann durch Schaffung eines Ein-Kreis-Systems hervorgerufen werden. Der nachfolgende Abschnitt beschäftigt sich mit der Schaffung eines Ein-Kreis-Systems, welches geschaffen werden sollte, bevor man mit der Umstellung vom Umsatzkostenverfahren auf das Gesamtkostenverfahren beginnt.[115]

3.5 Schaffung eines Ein-Kreis-Systems

3.5.1 Erläuterung des Systems

In Deutschland wurde nicht von Anfang an zwischen einem externen und internem Rechnungswesen unterschieden. Vielmehr haben sich im Laufe der Zeit Bilanzzwecke so gewandelt, dass eine Teilung des Rechnungswesens entstand. 1511 führte das Haus der Fugger zum ersten Mal einen Jahresabschluss zum Zwecke der Selbstinformation des Unternehmers ein. Also diente der Jahresabschluss zu der Zeit als internes Controlling-Instrument.[116]
Eine Teilung des Rechnungswesens ist dann spätestens nach der Veröffentlichung des Aktiengesetzes von 1937 ersichtlich. Zu der Zeit bestanden bereits unterschiedliche Zwecksetzungen des internen und externen Rechnungswesens.[117] So finden sich heutzutage in der Unternehmenspraxis zwei fast vollständig getrennte Rechenkreise. Der bilanzielle, externe Rechenkreis rechnet mit pagatorischen Größen, d.h. seine Begriffe sind Ausgaben bzw. Einnahmen. Der führungsorientierte, interne Rechenkreis hingegen rechnet mit kalkulatorischen Wertansätzen. Kalkulatorische Kosten wurden v.a. wegen des öffentlichen Preisrechts eingeführt. Dieses Recht wollte unterschiedliche Unternehmen miteinander vergleichbar machen.[118]

Das externe Rechnungswesen und die Erstellung des Jahresabschlusses dient heutzutage als Instrument der Rechenschaftslegung für unternehmensexterne Adressaten mit dem Ziel einer jahresgenauen Periodenabgrenzung. Nach den Vorschriften des HGB sind Unternehmen verpflichtet Bücher zu führen und einen Jahresabschluss zu erstellen. Das interne Rechnungswesen hingegen dient zum

---
[115] Vgl. Barthèlemy, Frank / Willen, Bernd-Uwe, a.a.O., S. 229, 230
[116] Vgl., Coenenberg, A.G.: Einheitlichkeit, 1995. S. 2077 (zit. nach Wussow, Sabine, a.a.O., S. 20)
[117] Vgl. Wussow, Sabine, a.a.O., S. 22
[118] Vgl. Zirkler, Bernd / Nohe, Ralph, Ansätze zur Ausrichtung des internen Rechnungswesens, a.a.O., S. 136

Nachweis des Verzehrs von Produktionsfaktoren hinsichtlich einer mengen- und wertmäßigen Leistungserstellung zur direkten Unternehmensführung und muss nicht zwingend im Unternehmen vorhanden sein.[119]

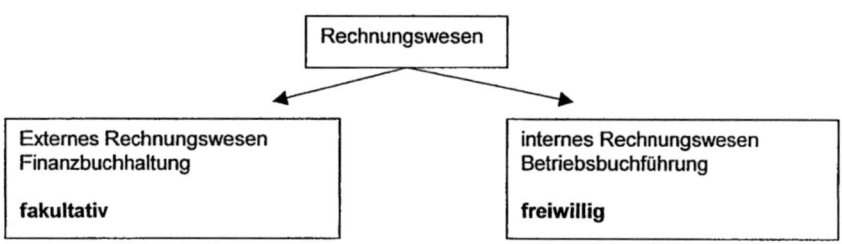

Abb.13: Teilung des Rechnungswesens (http://www.wiwi.uni-muenster.de/23/download/ /buchfuehrung/vorlesung/12_Vorlesung.pdf, Folie 13)

Die Unternehmen sahen diese Zweiteilung des Rechnungswesens bislang meist als vorteilhaft, da sie hinsichtlich ihrer Informationspolitik nach außen grundsätzlich konservativ eingestellt sind. Wird das Rechnungswesen getrennt, ist es möglich, interne Vorgänge externen Personen vorzuenthalten um für interne Zwecke einen größeren Handlungsspielraum zu erhalten.[120]

Um den Unterschied zwischen dem externen und internem Rechnungswesen genauer betrachten zu können, wird exemplarisch der Begriff Aufwand dem Begriff Kosten gegenübergestellt:

---

[119] Vgl. Barthèlemy, Frank / Willen, Bernd-Uwe, a.a.O., S. 215
[120] Vgl. Wussow, Sabine, a.a.O., S. 23

AUFWAND			
Neutraler Aufwand	Zweckaufwand		
	Kostengleicher Aufwand	Andersaufwand	
	Grundkosten	Anderskosten	Zusatzkosten
		Kalkulatorische Kosten	
	KOSTEN		

Abb.14: Abgrenzung zwischen Aufwand und Kosten (Quelle: http://www.wiwi.uni-muenster.de/23/download//buchfuehrung/vorlesung/12_Vorlesung.pdf, Folie 17)

Der neutrale Aufwand beinhaltet den nicht betriebsbedingten, ungewöhnlichen und periodenfremden Aufwand. Dies sind somit jene Aufwendungen, die nicht im Zusammenhang mit dem eigentlichen Betriebszweck stehen. Diese finden in der Kosten- und Leistungsrechnung keinen Ansatz.

Unter Zweckaufwand ist ein betriebsbedingter Verbrauch zu verstehen, der mit Ausgaben verbunden ist. Er lässt sich in einen kostengleichen und einen Andersaufwand aufteilen. Der Kostengleiche Aufwand entspricht betragsmäßig den Grundkosten, der Andersaufwand ist in der Erfolgs- und Kostenrechnung betragsverschieden. Beispiele für kalkulatorische Anderskosten sind kalkulatorische/wiederbeschaffungswertorientierte Absetzung für Abnutzung und kalkulatorische Wagnisse.

Die Zusatzkosten sind jene Kosten, die mit dem betriebsbedingten Verbrauch einhergehen, jedoch nicht mit Ausgaben verbunden sind. Beispiele hierfür sind kalkulatorische Unternehmerlöhne, Eigenmieten, Eigenkapital-Zinsen.[121]

Im Rahmen der Umstellung auf das Umsatzkostenverfahren soll nun ein Ein-Kreis-System geschaffen werden. Die Harmonisierung zwischen Finanzbuchhaltung und Kostenrechnung ist, wie bereits erläutert, notwendig, weil in der europäischen Rechnungslegung für die Differenzierung der Funktionsbereiche weitgehend Objekte der Kostenstellen verwendet werden.[122]

Harmonisierung bedeutet, dass ein integriertes Konzept der bilanziellen externen Rechnungslegung und des internen Abrechnungs- und Berichtssystem geschaffen

---

[121] Vgl. Zirkler, Bernd / Nohe, Ralph, Ansätze zur Ausrichtung, a.a.O., S. 135, 136
[122] Vgl. Barthélemy, Frank / Willen, Bernd-Uwe, a.a.O., S. 230

wird.[123] Man bildet ein einheitliches System von internem und externem Rechnungswesen, indem man vollständig auf den Ansatz kalkulatorischer Kosten und somit auf eine Differenzierung nach Kosten und Leistungen verzichtet. Das Ergebnis eines Ein-Kreis-Systems ist schließlich nunmehr ein Abrechnungskreis, d.h. es existiert nur noch ein einheitliches Periodenergebnis welches nach Aufwand und Ertrag abgestellt wird.[124]

3.5.2 Voraussetzungen zur Schaffung eines Ein-Kreis-Systems

Wird ein Ein-Kreis-System geschaffen, ist es notwendig, dass sowohl das interne als auch das externe Rechnungswesen Einschränkungen treffen und sich bestmöglichst annähern. Folgende Voraussetzungen sind für die Schaffung eines Ein-Kreis-Systems zu treffen:[125]

- Der Kostenbegriff muss sich weitmöglichst dem Aufwandsbegriff nähern, d.h. eine Unterscheidung zwischen Kosten/Leistungen und Aufwand/Ertrag sollte nicht vorgenommen werden. Kann das Unternehmen nicht vollständig auf eine Unterscheidung verzichten, ist es möglich mit sogenannten Abgrenzungskonten zu arbeiten.

- Auf den Ansatz von kalkulatorischen Kosten sollte ebenfalls verzichtet werden. Dies ist nicht nur bei der Schaffung eines Ein-Kreis-Systems notwendig, sondern auch in der Tatsache begründet, dass die Bedeutung der Kostenrechnungssysteme schwindet. Der Angebotspreis wird zunehmend nicht mehr aus den kalkulierten Kosten ermittelt, sondern der Marktpreis bestimmt, welche Kosten ein Unternehmen sich leisten kann (target costing). Bei dieser Cash Orientierung denken die Investoren in Cash Flows, was eine Kalkulation überflüssig werden lässt. Anstatt kalkulatorischer Kosten sollten nur noch pagatorische Kosten verwendet werden.[126]

Anderskosten, wie kalkulatorische Zinsen, sind aus dem Betriebsergebnis zu eliminieren und können in einem eigenen Finanzergebnis ausgewiesen werden. Auf Zusatzkosten, wie den Unternehmerlohn, muss zwingend verzichtet werden, da diese

---

[123] Vgl. Zirkler, Bernd / Nohe, Ralph, Harmonisierung, a.a.O., S. 222
[124] Vgl. Teichmann, Wolfgang / Nikolic, Achim, a.a.O., S. 575
[125] Vgl. Barthélemy, Frank / Willen, Bernd-Uwe, a.a.O., S. 220
[126] Vgl. Teichmann, Wolfgang / Nikolic, Achim, a.a.O., S. 575

Bestandteile Gewinnelemente darstellen. Kalkulatorische Abschreibungen müssen entfallen und kalkulatorische Wagnisse werden als Rückstellungen im externen Rechnungswesen angesetzt. Die Anforderungen nach periodengenauen abgegrenzter Kosten, die im internen Rechnungswesen bestehen, sind auch im externen Rechnungswesen anzuwenden. Weiter muss der Begriff der Herstellungskosten intern und extern identisch sein.[127]

Es folgt, dass auf den Ansatz von kalkulatorischen Kosten innerhalb des Harmonisierungsbereichs vollständig verzichtet werden muss, da sonst das externe und interne Ergebnis weiterhin auseinanderfallen würden. Die Gliederung der GuV nach dem UKV ist somit auch im internen Rechnungswesen durchzuführen. Jedoch sollte man hierbei beachten, dass die GuV weiterhin Kontroll- und Steuerungszwecken dient und somit in materieller Hinsicht auch nach den Anforderungen des internen Rechnungswesen auszurichten ist. So können monatlich exakt abgegrenzte

Monatsabschlüsse erstellt werden, um monatliche Ergebnisrechnungen und bilanzielle Kennzahlen bilden zu können.[128] Des weitern können Zwischenergebnisse in der GuV nach dem UKV eingefügt werden wie z.B. ein ordentliches Betriebs- oder Finanzergebnis.[129]

3.5.3 Erzielte Verbesserungen

Die Schaffung eines Ein-Kreis-Systems ist für die Umstellung auf das Umsatzkostenverfahren dringend zu empfehlen, da so eine verursachungsgerechte Schlüsselung der internen Kosten auf die externen GuV-Positionen gewährleistet werden kann. Außerdem ergeben sich mit Schaffung eines nur noch einzigen Abrechnungskreises eine Reihe weiterer Vorteile, die nachfolgend skizziert werden.

---

[127] Vgl. Barthélemy, Frank / Willen, Bernd-Uwe, a.a.O., S. 220, 221
[128] Vgl. Männel, W., Integration, 1997, S.14 (zit. nach Wussow, Sabine, a.a.O., S. 210)
[129] Vgl. Wussow, Sabine, a.a.O., S. 162

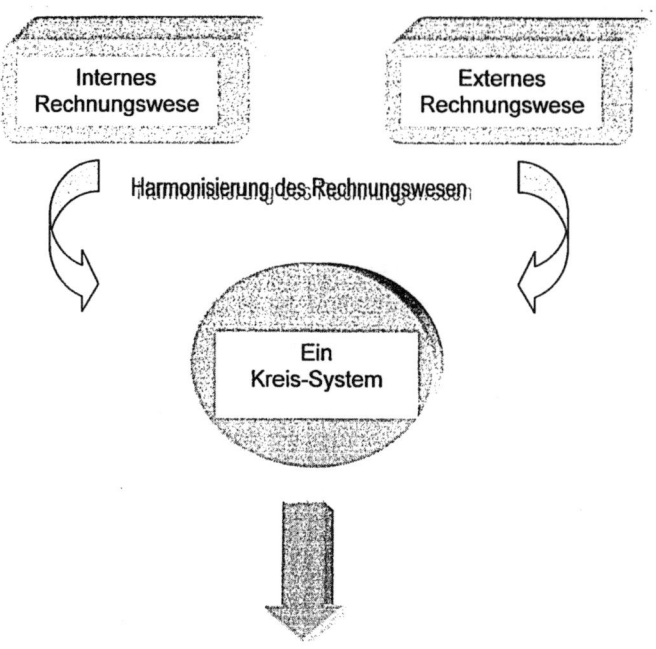

- Transparenz und Eindeutigkeit des Rechnungswesen
- Wegfall unterschiedlicher Definitionen und Begriffe
- Vereinfachung des Controllings durch einheitliche Kennzahlen
- Reduzierung von Personal-, Schulungs- und Organisationsaufwand durch Vereinfachungen
- Schnellere Bereitstellung des Jahresabschlusses

Abb.15: Erzielte Verbesserungen durch Schaffung eines Ein-Kreis-Systems (eigene Darstellung)

So wird durch eine Harmonisierung Transparenz und Eindeutigkeit im Rechnungswesen geschaffen, da intern und extern gleiche Aussagen getroffen werden und somit keine Verständigungsprobleme aufkommen. [130] Durch die Einheitlichkeit der Zahlen entsteht eine bessere Verständlichkeit, weil Unterschiede in Definitionen und Begriffen weitgehendst nicht mehr vorkommen.

---

[130] Vgl. Wussow, Sabine, a.a.O., S. 35

Ferner wird bei Anwendung eines Ein-Kreis-Systems unternehmensweit mit einheitlichen Kennzahlen gearbeitet. Das Controlling wird somit vereinfacht. Der zuvor bestehende Aufwand zur Abstimmung der unterschiedlichen Kennzahlen reduziert sich erheblich.[131]

Alle Vereinfachungen gehen auch mit einer erheblichen Kosteneinsparung einher, da sich der hohe personal-, schulungs- und organisationsbedingte Aufwand, der bei zwei Ergebniswelten besteht, verringert. Dies kann auch zur Motivation der Mitarbeiter beitragen, was wiederum zu effizienterem Arbeiten führt und ebenfalls die Kosten senkt.

Auch den Herausforderungen hinsichtlich zunehmender Geschwindigkeit, Intensität und Komplexität der Daten kann Rechnung getragen werden.[132] Der Performancedruck verlangt von den Unternehmen ein immer schnelleres Bereitstellen des Jahresabschlusses zum Beginn des neuen Geschäftsjahres (Fast Close). Besteht im Unternehmen ein harmonisiertes Rechnungswesen kann dieser Anforderung besser nachgekommen werden, da alle benötigten Daten für die Erstellung des Jahresabschlusses schneller bereitgestellt werden können.[133]

Wird eine komplette Verschmelzung der Finanzbuchhaltung mit der Kostenrechnung angestrebt, wird das Controlling qualitativ und quantitativ noch weiter verstärkt und ausgebaut werden, sowie weitere Synergiepotenziale und Effizienzsteigerungen möglich sein. Auch für die Harmonisierung der internationalen Rechnungslegung ist mit der Einführung des Umsatzkostenverfahrens und des Ein-Kreis-Systems eine Grundlage geschaffen worden. Der Unternehmer kann zukünftig sowohl den Anforderungen des HGB als auch des US GAAP oder den IAS/IFRS gerecht werden.[134]

3.6 Struktur der Umstellung

Entscheidet sich nun ein Unternehmen für eine Umstellung des Gesamtkostenverfahrens auf das Umsatzkostenverfahren ist dies grundsätzlich auf

---

[131] Vgl. Müller, Martin, a.a.O., S. 55, 56
[132] Vgl. Teichmann, Wolfgang / Nikolic, Achim, a.a.O., S. 575
[133] Vgl. Wussow, Sabine, a.a.O., S. 33
[134] Vgl. Teichmann, Wolfgang / Nikolic, Achim, a.a.O., S. 575

unterschiedliche Weise möglich. Die Erfolgsrechnung nach dem UKV kann sowohl auf einer sogenannten Erfassungsebene als auch auf einer Auswertungsebene erstellt werden. Es ist gesetzlich nicht vorgeschrieben, auf welcher Ebene die Umstellung zu erfolgen hat. Das betreffende Unternehmen kann diese Entscheidung selbst treffen. Als Kriterien können hierfür u.a. der anfallende Arbeitsaufwand, die Integration von Rechnungswesen und Controlling, sowie der gewünschte Informationsgehalt in Betracht gezogen werden.

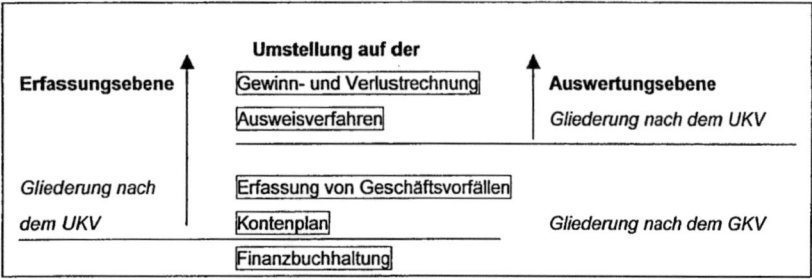

Abb. 16.: Erfassungsebene und Auswertungsebene (Quelle: Krimpmann, Andreas, a.a.O. S.11)

3.6.1 Auswertungsebene

Wird das Umsatzkostenverfahren auf der Auswertungsebene eingeführt, bedeutet dies, dass eine Umstellung nur das Berichtswesen betrifft. Das heißt, dass der Kontenplan, Prozesse und Abläufe im Finanz- und Rechnungswesen weitestgehend unberührt bleiben. Es werden nur neue Konten eingeführt. Der Kontenplan behält somit das Gliederungsschema des Gesamtkostenverfahrens bei und auch die Auswertungen der Buchhaltungen werden nicht verändert. Die Überleitung kann z.B. durch eine sogenannte Überleitungsmatrix oder durch eine neue Kontenverdichtung bzw. Kontensicht erfolgen. Eine solche Vorgehensweise setzt allerdings voraus, dass eine systematische Erfassung und korrekte Zuordnung der einzelnen Kosten vorhanden ist.

Zu beachten ist hier, dass bei dieser Umstellung nicht alle oben aufgeführten Vorteile des Umsatzkostenverfahrens auftreten, da nur die Berichtsebene geändert wird und nicht das komplette interne und externe Rechnungswesen.[135] Nachfolgendes Beispiel soll eine Umstellung auf der Auswertungsebene verdeutlichen.

Die Firma Mustermann stellt ihren Jahresabschluss seither nach den gesetzlichen Regelungen des HGB auf und gliedert ihre Gewinn- und Verlustrechnung nach dem Gesamtkostenverfahren. In Zukunft muss das Unternehmen ihre Bilanz nach internationalem Recht erstellen und will im Zuge dieser Änderungen auch die Gewinn- und Verlustrechnung auf das Umsatzkostenverfahren umstellen. Aus Vereinfachungsgründen beschließt nun der Leiter des Rechnungswesens, dass im Vorfeld der Umstellung auf die internationalen Vorschriften, die Gewinn- und Verlustrechnung vom Gesamtkostenverfahren auf das Umsatzkostenverfahren umzugliedern ist.[136]

Als Ausgangsposition ist folgende GuV nach dem GKV vorhanden:

GuV nach GKV	in Mio €
1. Umsatzerlöse	7680
2. Bestandserhöhung	510
3. andere aktivierte Eigenleistung	0
4. sonstige betriebliche Erträge	263
5. Materialaufwand	3105
6. Personalaufwand	2800
7. Abschreibungen	590
8. Sonstige betriebliche Aufwendungen	1223
Ergebnis der gewöhnlichen Geschäftstätigkeit	735
Zinsergebnis	- 181
Beteiligungsergebnis	17
Ergebnis vor Ertragsteuern	571
Ertragsteuern	-191
Jahresüberschuss	380

Abb. 17: GuV nach dem GKV (Quelle: Reuter, Michael / Zwirner, Christian, Überleitung einer GuV, a.a.O., S. 639)

---

[135] Vgl. Krimpmann, Andreas, a.a.O., S. 11
[136] Vgl. Reuter, Christian / Zwirner, Christian, a.a.O., S. 638

Das Rechnungswesen liefert ferner folgende Daten:

Die Bestandserhöhung wurde nur in Höhe des auf sie entfallenden Anteils der Material- und Personalaufwendungen aktiviert.

Die sonstigen betrieblichen Erträge, Ertragsteuern, sowie Zins- und Beteiligungsergebnis entsprechen sich ihrer Höhe nach im GKV und im UKV.

Nach Angaben der internen Kostenstellen- und Kostenträgerrechnung entfallen die Materialaufwendungen zu 77 % auf den Bereich der Herstellung, zu 20 % auf die allgemeine Verwaltung, zu 3 % auf den Vertrieb.

Die Personalaufwendungen sind zu 68 % auf die Herstellung, zu 18 % auf die Verwaltung und zu 14 % auf den Vertrieb aufzuteilen.

Die Abschreibungen betreffen zu 65 % die Produktionsanlagen, 35 % betreffen das Hauptgebäude, das zu 80 % der Verwaltung und zu 20 % von der Vertriebsabteilung genutzt wird.

Von den sonstigen betrieblichen Aufwendungen entfallen 660 Mio. € auf den Vertrieb, 310 Mio. € auf den Herstellungsbereich, 120 Mio. € auf die Verwaltung und 133 Mio. € sind nicht zuzuordnen.

Aufgrund der Angaben sind folgende Umgliederungen vorzunehmen:

Position (in Mio. €)	Aufwand nach GKV	Aufwand nach UKV			
		Herstellung	Verwaltung	Vertrieb	Nicht zuordenbar
2. Bestandsveränderung	-510	-510	0	0	0
5. Materialaufwand	3105	2390,9	621	93,1	0
6. Personalaufwand	2800	1904	504	392	0
7. Abschreibungen	590	383,5	165,2	41,3	0
8. sonstige betriebliche Aufwendungen	1223	310	120	660	133
Summe	7208	4478,4	1410,2	1186,4	133

Abb.18: Aufteilung und Umgliederung der Aufwendungen (Quelle: Reuter, Michael / Zwirner, Christian, Überleitung einer GuV, a.a.O., S. 639)

Somit ergibt sich folgende GuV nach dem Umsatzkostenverfahren:

GuV nach UKV	in Mio. €
1. Umsatzerlöse	7680
2. Herstellungskosten	4478
3. Bruttoergebnis vom Umsatz	3202
4. Vertriebskosten	1187
5. allgemeine Verwaltungskosten	1410
6. sonstige betriebliche Erträge	263
7. sonstige betriebliche Aufwendungen	133
Ergebnis der gewöhnlichen Geschäftstätigkeit	735
Zinsergebnis	-181
Beteiligungsergebnis	17
Ergebnis vor Ertragsteuern	571
Ertragsteuern	-191
Jahresüberschuss	**380**

Abb.19 : GuV nach dem UKV (Quelle: Reuter, Michael / Zwirner, Christian, Überleitung einer GuV, a.a.O., S. 639)

3.6.2 Erfassungsebene

Wird das Umsatzkostenverfahren auf der Erfassungsebene eingeführt ist eine Initiierung dieses Verfahrens bereits in der Buchhaltung notwendig. Der ganze Kontenplan muss geprüft und erweitert werden, um eine funktionsgerechte Erfassung auf Basis des Umsatzkostenverfahrens bereits bei der Buchung zu ermöglichen. Neben dem Kontenplan sind aber auch das vor- und nachgelagerte IT-Systeme, Komponenten, die auf den Kontenplan zugreifen, sowie im Zusammenhang stehende Arbeitsabläufe, Verfahren, Organisationsstrukturen und deren Dokumentation von der Umstellung betroffen.

Der Vorteil der Erfassungsebene besteht darin, dass der Umstellungsaufwand nur einmalig anfällt.

Als Beispiel für eine Umstellung auf der Erfassungsebene wird nachfolgend die Methode der Unternehmensberatung MBA-CPA erläutert. Der Inhaber der Unternehmensberatung, Andreas Krimpmann, erklärt, dass die Umstellung mit Hilfe einer Überleitungsmatrix durchgeführt wird. Dies bedeutet, dass für jede Kostenart oder jedes Konto i.V.m. einer Kostenstelle eine Überleitungsregel definiert wird. Diese beinhaltet ein Konto in Verbindung mit einer Kostenstelle nach dem GKV als Ausgangspunkt, sowie ein Konto in Verbindung mit einer Kostenstelle nach dem UKV als Ziel.[137]

Folgende graphische Darstellung einer Überleitungsmatrix soll dies verdeutlichen.

Summe	Kontenplan alt Konto: 4710 (Strom) Kostenstelle: 100 110 120 200	

Kontenplan neu
Konto 4560
Konto 4570
Konto 4600
Konto 4590
Konto 5510
Konto 6810
Konto 6820
	X
	X
	X
	
	X
	
		X X
		            X
		
		        X

Summe		

Abb.20: *Überleitungsmatrix (Quelle: Krimpmann, Andreas, a.a.O., S. 12)*

Da im Umsatzkostenverfahren die Kosten verursachungsgerecht auf die Bereiche zugerechnet werden sollen, werden jene Kostenarten, welche nicht einem Kostenträger direkt zurechenbar sind, wie z.B. die Materialkosten, im Rahmen der Überleitungsmatrix auf Konten aufgeteilt und sind schließlich mit Hilfe einer Überleitungsregel auf die Funktionsbereiche zuzuordnen.

Sind Kosten vorhanden, die im Umsatzkostenverfahren mehrere Positionen beanspruchen, so sind in der Matrix weiterführende Regeln, wie prozentuale Verteilungen oder bestimmte Umlagegrößen, zu definieren. So sind bestimmte Aufwendungen oftmals auf einem Konto in Verbindung mit einer Kostenstelle aufgeführt, obwohl sie jedoch eigentlich auf verschiedene Positionen/Funktionsbereiche aufgespalten werden müssen.

---

[137] Vgl. Krimpmann, Andreas, a.a.O., S. 11

Bei der Einführung des Umsatzkostenverfahrens auf Erfassungsebene stellt die Matrix die Grundlage für sämtliche Änderungen in den IT Systemen, wie die Erstellung eines neuen Kontenplans, Integrationseinstellungen oder Auswertungen dar.

Allerdings kann die Überleitungsmatrix auch angewandt werden, wenn das Umsatzkostenverfahren auf der Auswertungsebene eingeführt wird. Die Matrix ist dann in dem vorhandenen IT-System als Regel zu definieren, nach der die einzelnen Konten und Kostenstellen zur Gewinnermittlung nach dem Umsatzkostenverfahren verdichtet werden. Des weiteren werden nach der definierten Regel Auswertung von Konten und Kostenstellen aufbereitet und für nachgelagerte Systeme vorbereitet.[138]

3.7 Weitere Prozesse und Aufgaben der Umstellung

3.7.1 Ermittlung der Umsatzkosten

Eine weitere Aufgabe der Umstellung ist, die Ermittlung der Umsatzkosten. Um diese aufstellen zu können, sind die Herstellungskosten der zur Erzielung erbrachten Leistungen notwendig. Das Problem bei der Ermittlung der Herstellungskosten liegt darin, dass sich diese nicht einfach aus einer Rechnung entnehmen lassen, sondern aus der Kostenrechnung übernommen werden. Die Kostenrechnung verfolgt allerdings wie oben erwähnt andere Ziele wie die Bilanz, was dazu führt, dass Daten vor der Übernahme geprüft werden müssen.
Anschließend werden Berechnungsmöglichkeiten für die Herstellungskosten vorgestellt:

Ein Handelsunternehmen kann bei der Berechnung der Umsatzkosten z.B. folgendermaßen vorgehen. Zuerst werden die Kosten für den Verkauf verfügbaren Waren ermittelt, indem man den Nettoeinkaufswert aller gekauften Waren zum Anfangsbestand der Vorräte addiert. Subtrahiert man hiervon den Schlussbestand der für den Verkauf verfügbaren Waren, ergibt sich der Posten Umsatzkosten.

---

[138] Vgl. Krimpmann, Andreas, a.a.O., S. 11

```
Anfangsbestand
+ Nettoeinkaufswert
  Einkäufe
  + Lieferkosten
  = Anschaffungskosten
  ./. Skonti, Boni
  = Nettoeinkaufswert
= Anschaffungskosten der für den Verkauf verfügbaren Waren
./. Schlussbestand
= Umsatzkosten
```

Abb. 21: *Aufstellung der Umsatzkosten bei einem Handelsunternehmen (Quelle: Weber, Claus-Peter, a.a.O., S. 91)*

Bei einem produzierten Unternehmen kann eine ähnliche Rechnung aufgestellt werden. Hier werden zuerst die Herstellungskosten der produzierten Waren zum Lageranfangsbestand gezählt, vom Ergebnis wird dann der Lagerbestand abgezogen um die Umsatzkosten zu erhalten.

```
Lagerbestand Fertigungsmaterial am 01.01.
+ Materialeinkauf (incl. Lieferkosten ./. Skonti)
= Verfügbares Fertigungsmaterial
./. Lagerbestand Fertigungsmaterial am 31.12.
= Verbrauchtes Fertigungsmaterial
+ Lohneinzelkosten
+ Gemeinkosten
  Abschreibung auf Maschinen
  Hilfs- und Betriebsmittel
  Lohngemeinkosten
  Materialgemeinkosten
  Andere Gemeinkosten
= Angefallene Herstellungskosten
```

Abb.22: *Aufstellung der Umsatzkosten für ein Produktionsunternehmen Teil I (Quelle: Weber, Claus-Peter, a.a.O., S. 91, 92)*

```
Angefallene Herstellungskosten
+ unfertige Erzeugnisse am 01.01.
./. unfertige Erzeugnisse am 31.12.
= Herstellungskosten der produzierten fertigen Erzeugnisse ◄──┐
                                                              │
Lagerbestand der fertigen Erzeugnisse am 01.01.               │
./. Herstellungskosten der produzierten Waren    ◄────────────┘
= Herstellungskosten der für den Verkauf verfügbaren Waren
./. Lagerbestand der fertigen Erzeugnisse am 31.12.
= Umsatzkosten
```

Abb.23: Aufstellung der Umsatzkosten für ein Produktionsunternehmen Teil II (Quelle: Weber, Claus-Peter, a.a.O., S. 91, 92)

3.7.2 Auswirkungen auf den Kontenplan und die Finanzbuchhaltung

Der Kontenplan ist ein zentrales Element des Rechnungswesen und nimmt deshalb auch eine besondere Stellung bei der Einführung eines Umsatzkostenverfahrens ein. Fast alle der gängigen Kontenrahmen, wie z.B. der Industriekontenrahmenplan und der Datev-Kontenrahmen sind allerdings nach dem Gesamtkostenverfahren gegliedert. Bei einer Umstellung erfahren diese je nach Art der bestehenden Gliederung mehr oder weniger umfangreiche Änderungen.

Führt das Unternehmen das Umsatzkostenverfahren auf der Auswertungsebene ein, sind im Kontenrahmen keine Änderungen erforderlich.
Bei der Einführung auf der Erfassungsebene muss das Unternehmen entscheiden, ob es den aktuelle Kontenplan erweitert oder ob ein komplett neuer Kontenplan mit einer Umsatzkostengliederung eingeführt wird.

Wird der alte Kontenplan beibehalten, müssen je nach Art des bestehenden Kontenplans viele zusätzliche Konten angelegt werden.[139] Zum Beispiel können zusätzlich zum Konto Werbung weitere Konten unterteilt werden, je nach Kostenträger

---
[139] Vgl. Krimpmann, Andreas, a.a.O., S. S. 13

oder Medienart, wie Print, Interview, Mailing. Die Gefahr dabei ist, dass ein logischer Aufbau des Kontenrahmens nicht mehr gewährleistet ist. Ebenfalls verkompliziert die Beibehaltung des alten Kontenplans die Einhaltung des UKV-Schemas; ein solches ist somit nur noch über eine komplizierte Kontenverdichtung möglich. Aufgrund der Risiken und Umstände ist von einer Beibehaltung des Kontenrahmens abzuraten.[140]

Um diese Problematik zu veranschaulichen wird ein Beispiel aufgeführt.
In einem Unternehmen wird Material vom Lager in den Bereich Marketing entnommen. Nach dem GKV könnte nun wie folgt gebucht werden:

Werbegeschenk/Kostenstelle   an   Bestand Roh-, Hilfs-, Betriebsstoffe
Konto 4550/**1411**   an   0580

Bei Anwendung des UKV wird diese Entnahme nicht als Materialaufwand behandelt, sondern stellt Kosen für das Marketing dar. Demnach sind je nach Buchungssystem und vorhandener Kostenrechnung, Zusatzbuchungen und zusätzliche Konten anzulegen, um letztendlich eine Auswertung der GuV nach dem Umsatzkostenverfahren zu erhalten. Eine derartige Zusatzbuchung für das UKV könnte wie folgt lauten:

Vertriebsgemeinkosten   an   Verrechnete Kosten/Kostenstelle
Konto 0181   an   4790/**1411**

Durch die Mitgabe der Kostenstelle bei der Ursprungsbuchung (hier: 1411) kann diese Zusatzbuchung bei diversen Programmen (wie z.B. ABAP) automatisch erfolgen. Durch eine hinterlegte Tabelle bei der Software von SAP werden dann die einzelnen Kostenstellen den Funktionsbereichen zugeordnet.[141]

Wird ein neuer Kontenplan nach dem Umsatzkostenverfahren eingeführt, ist in diesem Plan die erste Stufe meist nach den jeweiligen Funktionsbereichen gegliedert und die zweiten Stufe nach den Kostenarten.
Bei dessen Einführung muss jedoch der vorhandene Saldo aus dem alten Kontenplan vorgetragen werden. Da hiermit die Kontinuität und die Historie durchbrochen wird, ist

---
[140] Vgl. Barthèlemy, Frank / Willen, Bernd-Uwe, a.a.O., S. 55
[141] Vgl. Berner, Alfred, a.a.O., S. 128

ein Saldenvortrag in Verbindung mit einer retrograden Rück- und Umrechnung der Historie auf das Umsatzkostenverfahren-Schema vorzuschlagen.

3.7.3 Auswirkung auf IT-Systeme

Bei der Einführung eines Umsatzkostenverfahrens sind je nach der Art der Umstellung auch eine Vielzahl von Anpassungen in den IT-Systemen durchzuführen. Wird das Umsatzkostenverfahren auf der Erfassungsebene integriert sind neben der Finanzbuchhaltung auch zuvor gelagerte Systeme und Schnittstellen anzupassen. Bei integrierten Systemen sind u.a. ebenfalls Integrationseinstellungen, Konsistenz- und Plausibilitätschecks anzugleichen. Als Beispiel ist hier die Lohn- und Gehaltsabrechnung zu nennen, die meist von Externen erstellt wird. Hier ist für jede Änderung in den Kontendefinitionen der Personalkosten eine neue Lohnarten-, Konten-, Kostenstellenzuordnung durchzuführen.
Auch bei nachgelagerten Systemen ist der Anpassungsbedarf erheblich. So sind Schnittstellen, Integrationseinstellungen, Berichte und Auswertung sowie eine Vielzahl von Excel Tabellen anzupassen.
Bei Einführung des Umsatzkostenverfahrens auf der Auswertungsebene sind nur nachgelagerte Systeme von den Änderungen und Anpassungen betroffen.[142]

Wendet das Unternehmen das System SAP R/3 an, hat das Unternehmen grundsätzlich zwei Möglichkeiten das Umsatzkostenverfahren abzubilden.
Die erste Möglichkeit ist die Abbildung des Umsatzkostenverfahrens über das Hauptbuch und ein abweichendes Leder. Diese Methode wird auch Special Ledger Methode genannt. Das bedeutet, dass Funktionsbereiche und Substitutionsregeln im Modul Finanzierung (FI) mit SAP-Standardmitteln verwendet werden. Die Zuordnung zu den Funktionsbereichen erfolgt dann weitgehend automatisch und erfordert somit keine Erweiterung des Kontenplans.
Die zweite Möglichkeit ist die Anwendung der Profit Center Methode. Die Profit-Center-Struktur bildet dann die Funktionsbereiche ab. Wurde noch nie eine Profit-Center-Rechnung im Unternehmen durchgeführt ist die Einrichtung eines Dummy-Profit-Centers vorab zu empfehlen.
Wird das Umsatzkostenverfahren direkt aus dem Hauptbuch erstellt ist eine Verbuchung nach der Verwendung der Kosten auf Basis der Kontierung für eine

---

[142] Vgl. Krimpmann, Andreas, a.a.O., S. 13

Kostenarten- und Kostenstellenrechnung notwendig. Die Zuteilung erfolgt im Hauptbuch mit direktem Bezug zum Beleg. Dazu ist ein zusätzliches Kontierungsobjekt zu verwenden, das sich aus der Kostenart und aus Kostenstelle ableitet und im Hauptbuch mitgeführt wird. Es ist zu beachten, dass dies nicht in der Kostenrechnung allein abgebildet wird, sondern sich die Buchungen im Hauptbuch wieder auffindbar sind. Wenn Kosten in der Kostenrechnung durch Umlagen etc. anderweitig verrechnet werden, muss dies auch im Hauptbuch ersichtlich sein.[143] Auf die detailliertere Vorgehensweise zur Umstellung mit der Software SAP wird hier nicht eingegangen, da dies die Ausführungen dieser Arbeit überschreiten würde.

Neben den zuvor beschriebenen Auswirkungen der Umstellung auf das Umsatzkostenverfahren sind zusätzlich noch weitere Besonderheiten zu berücksichtigen, wenn die Gewinn- und Verlustrechnung nach IAS/IFRS aufgestellt wird.

IFRS 5.33 z.B. verlangt eine saldierte Angabe des Ergebnisses der aufgegebenen Geschäftsbereiche. Demzufolge muss es möglich sein aus der Finanzbuchhaltung oder im Rahmen von Auswertungen Kostenstellen bzw. Geschäftsbereiche zu trennen um sie dann getrennt ausweisen zu können.

Verschiedene Standards der IAS/IFRS schreiben außerdem vor, bestimmte Angaben, wie z.B. die gesamt angefallenen Personalkosten oder Abschreibungen, in den Notes aufzuführen. Das heißt, es muss möglich sein die verstreuten Kostenarten im Umsatzkostenverfahren wieder zusammenfassen zu können, um sie im Anhang anzugeben.

Sind diese erforderlichen Vorschriften nicht im Rahmen des Kontenplans realisierbar so sind bestimmte Überleitungsrechnungen bzw. Abstimmungen durchzuführen.[144]

Durch den anderen Aufbau der Gewinn- und Verlustrechnung nach dem Umsatzkostenverfahren sind sowohl neue Managementberichte, Analysen und geänderte Kennzahlen der Jahresabschlüsse erforderlich.
Bei der Umstellung des Umsatzkostenverfahrens auf der Erfassungsebene sind weitreichende Organisationsaspekte zu beachten. Neue Kontierungs-,

---

[143] Vgl. Meyer, Jürgen E.L.
[144] Vgl. Krimpmann, Andreas, a.a.O., S. 13

Buchungsanleitungen und Richtlinien, geänderte Geschäftsprozesse im Rechnungswesen und Controlling, sowie Mitarbeiterschulungen im Umgang mit dem neuen Verfahren sind einige der zu beachtenden Aspekte. Um den Qualitätsstandards gerecht zu werden sind weiter alle Anpassungen und Änderungen schriftlich festzuhalten.[145]

---

[145] Vgl. Krimpmann, Andreas, a.a.O., S. 13, 14

4. Umstellung auf das Umsatzkostenverfahren im Projektcontrolling

Es ist zu beachten, dass eine Umstellung vom Gesamtkostenverfahren auf das Umsatzkostenverfahren ein eigenständiges Projekt darstellt und nicht in Kombination mit der Umstellung auf IAS/IFRS betrachtet werden sollte. Im folgende werden grundsätzliche Phasen eines Projekts erklärt und mit der aktuellen Situation, der Umstellung auf das Umsatzkostenverfahren, konkretisiert.

4.1 Startphase

Damit ein Projekt starten kann, bedarf es einen Auslöser des Projekts. Dieser kann je nach Projekt ein Problem sein, das auftritt und das gelöst werden muss, eine potentielle Chance, die sich am Markt bietet oder gesetzliche Notwendigkeiten, die sich aus einer gesetzlichen Vorschrift ergeben.

Tritt ein solches Problem bzw. Chance auf, werden in den meisten Fällen vorläufige Betreuer von der Geschäftsleitung benannt, die dann genau untersuchen, ob hinter dem Problem ein echtes Unternehmensprojekt steckt oder nicht.

Im vorliegenden Fall kann dies z.B. sein, dass sich die Geschäftsleitung überlegt im Rahmen der zunehmenden Internationalisierung auf das Umsatzkostenverfahren umzustellen oder das Unternehmen wird durch Vorschriften, wie z.B. denen der Börsenaufsichtsbehörde SEC, dazu gezwungen.

Anschließend wird der Auftrag erteilt, die Projektidee zu prüfen. Als Ergebnis erhält man dann die Entscheidung, ob das Projekt weiterverfolgt wird oder nicht. Somit wird ein offizielles Unternehmensprojekt gestartet, d.h. es wird ein Auftraggeber sowie ein Projektleiter festgelegt.[146]

Von der anfänglichen Idee auf das Umsatzkostenverfahren umzustellen wird nun ein Auftrag gebildet um zu überprüfen, ob eine derartige Umstellung wirklich für das Unternehmen in Frage kommt. Bei Benennung des Auftraggebers und des Projektleiters ist zu beachten, dass es hierbei sinnvoll ist, die Verantwortung über das Projekt auf der obersten Führungsebene zu belassen, da im Rahmen der Umstellung nicht selten weitreichende, strategische Entscheidungen zu treffen sind. Zum Beispiel kann das Unternehmen sich entschließen im Rahmen der Umstellung auf das

---

[146] Vgl. Schulz-Wimmer, Heinz, a.a.O., S. 67, 69

Umsatzkostenverfahren ebenfalls das interne und externe Rechnungswesen zu harmonisieren. Hierdurch können zahlreiche Probleme entstehen, z.B. wie die politische Verteilung von Kompetenzen zwischen den Abteilungen zu erfolgen hat. Bei Umsetzung derartiger Entscheidungen ist ein Rückhalt von oberster Führungsebene unerlässlich.[147]

Um festzustellen, ob das Projekt wirklich durchgeführt werden soll, sind bestimmte Sachen zu berücksichtigen und zu klären. Die derzeitige Situation muss geklärt werden, Informationen werden herbeigeschafft, um möglichst viele Informationsdefizite abbauen zu können und letzten Endes wird die Präsentation dieser Arbeitsergebnisse vorbereitet.

Bei Klärung der Situation und zur Informationsbeschaffung ist es hilfreich Checklisten einzuführen. Es kann somit leicht festgestellt werden, welche Informationen man bereits hat und welche noch benötigt werden. Beispielsweise kann eine Checkliste wie folgt untergliedert sein: [148]

Ausgangssituation:	Was war der Auslöser für das Projekt? Wer ist über Idee informiert? Wer ist vom Projekt betroffen?
Wichtige Faktoren:	Auflagen? Schnittstellen? Risiken? Widerstände? Erwartungen?
Zielsetzung:	Was soll erreicht werden? Nutzen? Welche Bedeutung hat es?
Organisation:	Wer ist Auftraggeber? Wer ist Projektleiter? Wer soll teilnehmen?
Vorgehensweise:	Nach Leitfaden? Start und Endtermin? Meilensteine?

Abb.24: Checkliste Startsituation (Quelle: Schulz-Wimmer, a.a.O., S. 7)

Anhand dieser Checkliste kann u.a. festgestellt werden, wie sich der Istzustand des Unternehmens darstellt, über welche Personalressourcen das Unternehmen verfügt, welche EDV-Systeme genutzt werden bzw. vorhanden sind. Anhand der Ergebnisse

---

[147] Vgl. Wulf, Martin / Klein, Michael / Azaiz, Karim, a.a.O., S.301
[148] Vgl. Schulz-Wimmer, Heinz, a.a.O., S. 71, 72

kann dann entschieden werden wie viele neue Mitarbeiter eingestellt werden müssten, ob ein zusätzlicher Berater hinzugezogen wird, ob ein neues EDV-System benötigt wird und dergleichen.
In dieser Phase wird auch entschieden, zu welchem Zeitpunkt erstmalig umgestellt werden soll, anhand welcher Methode man umstellen soll, welcher Nutzen durch die Umstellung erwartet wird etc.[149]

Wird nach Beendigung dieser Phase beschlossen, das Projekt durchzuführen ist dies der offizielle Start des Unternehmensprojekts.[150]

4.2 Definitionsphase

In der Definitionsphase muss zunächst der fachliche Inhalt sowie betriebswirtschaftliche Parameter des Projekts festgelegt werden. Ebenso werden die Aufbau- und die Ablauforganisation für die spätere Durchführung festgelegt.

Diese Phase beginnt dabei mit einem offiziellen Projektantrag und dessen Genehmigung. Der Antrag stellt hiermit die Vertragsgrundlage zwischen dem Auftraggeber und dem Projektleiter dar und regelt verbindlich für beide Seiten das Leistungsvolumen, den Kosten- und Terminrahmen.
Damit dieser Antrag formuliert werden kann, muss eine genaue Aufgabenstellung des Projekts genannt werden. Konkret heißt das, dass Projektparameter bestimmt werden müssen und das Projektumfeld analysiert werden muss.[151]

4.2.1 Projektparameter

Unter den Projektparametern sind die Zielgrößen Leistung, Einsatzmittel und Zeit eines Projekts, zu verstehen. Diese stehen in gegenseitiger Wechselwirkung und sind auch als magisches Dreieck bekannt.

---

[149] Vgl. Stahl, Anne, a.a.O., S. 2
[150] Vgl. Schulz-Wimmer, Heinz, a.a.O., S. 69
[151] Vgl. Burghardt, Manfred, a.a.O., S. 29

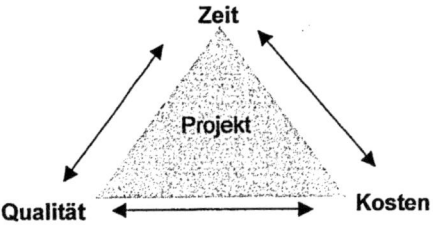

Abb. 25: Magisches Dreieck (eigene Darstellung)

Konkret heißt das, die Umstellung auf das Umsatzkostenverfahren sollte möglichst schnell, mit möglichst wenig Fehlern und möglichst wenig Kosten durchgeführt werden. Es ist ersichtlich, dass alle drei Parameter nicht gleich gut erfüllt werden können. Will man zeitlich möglichst schnell sein, wird dies Auswirkungen auf die Qualität der Umstellung haben. Will man eine möglichst qualitative Umstellung wird dies höhere Kosten zur Folge haben und mehr Zeit in Anspruch nehmen.

Die Aufgabe des Projektmanagements ist es somit, die geforderte Leistung zu erbringen in einem möglichst optimalen Verhältnis zu den zwei anderen Parametern.[152] Das bedeutet, die Gewinn- und Verlustrechnung muss in einer Qualität umgestellt werden, dass alle erforderlichen Daten nach der Umstellung bereitstehen, die Mitarbeiter mit den neuen Systemen arbeiten können und alle Interessenten des Unternehmens ihre gewünschten Informationen erhalten können. Das Ziel könnte folgendermaßen formuliert werden: Umstellung des Gesamtkostenverfahren mit einem angemessenen Ressourceneinsatz und Zeitbedarf mit dem Ziel solche Strukturen zu erhalten, die eine Erfassung nach dem Umsatzkostenverfahrens nachhaltig ermöglichen.[153]

4.2.2 Projektumfeld

Des weitern ist in der Definitionsphase das Projektumfeld zu betrachten, da dies Einfluss auf die Ziele und den Erfolg des Projekts hat.

---

[152] Vgl. Burghardt, Manfred, a.a.O., S. 36
[153] Vgl. Wulf, Martin / Klein, Michael / Azaiz, Karim, a.a.O., S. 302

Personen bzw. Interessensgruppen, die in Beziehung zum Unternehmen und zum Projekt stehen, werden als so genannte Stakeholder bezeichnet. „Mason und Mitroff beschreiben Stakeholder „als alle Anspruchsberechtigten inner- und außerhalb des Projekts, auf die ein berechtigtes Interesse am Projekt und seinen Ergebnissen übergehen (MASON 1981) (engl.: „all those claimants inside and outside the project who have a vested interest in the project and its outcome")."[154]
Das Ergebnis der Stakeholderanalyse oder auch Problemfeldanalyse genannt, ist eine Liste aller interner und externer Anspruchsgruppen, mit deren Erwartungen, Art der Einstellung zum Projekt und deren Einflussstärke. Weiter kann eine Kraftfeldanalyse, eine individuelle Wirkungsanalyse sowie Mängel- bzw. Wunschlisten erstellt werden.[155]

Im vorliegenden Fall sind u.a. sowohl die Mitarbeiter, die Geschäftsleitung wie auch potentielle Investoren, Interessensgruppen des Projekts, die einen Einfluss auf die Umstellung der Erfolgsrechnung haben, damit gemeint.

4.2.3 Projektmarketing

Das Projektmarketing zielt darauf ab, das Projekt in seinem Umfeld zu präsentieren und darzustellen. Das Ziel ist, die Akzeptanz des Projektes bei allen Beteiligten durch eine rechtzeitige Information zu steigern.[156] Werden z.B. die Mitarbeiter nicht rechtzeitig über die kommenden Veränderungen informiert und aufgeklärt, könnten sie das Projekt blockieren. Werden jedoch die Arbeitnehmer gut auf die Umstellung vorbereitet und informiert, steigert dies ebenfalls ihre Motivation, was sich somit wieder in einer Kostensenkung auswirkt.
Am Ende der Phase des Projektmarketings sollte ein Plan bestehen, der die Frage beantwortet, wer worüber, wann und auf welchem Weg informiert wird. Weiter sollten kommunkationspolitische Sofortmaßnahmen entwickelt werden.[157]

---

[154] Abresch, Jens-Peter, a.a.O., S. 61
[155] Vgl. Schulz-Wimmer, Heinz, a.a.O., S. 107
[156] Vgl. Adler, Anna / Friedrich, David, Kreßmann, Verspohl, Oliver, a.a.O., S.640
[157] Vgl. Schulz-Wimmer, Heinz, a.a.O., S 156

4.2.4. Aufbau- und Ablauforganisation

Um ein Projekt erfolgreich durchführen zu können muss es weiter optimal in die vorhandene Organisation eingebettet werden. Eine Projektorganisation wird laut der Deutschen Industrie-Norm (DIN) 69 901 wie folgt definiert: „Gesamtheit der Organisationseinheiten und der aufbau- und ablauforganisatorischen Regelungen zur Abwicklung eines bestimmten Projekts."[158]

Aufbauorganisation

Für eine effiziente Umsetzung der Projektarbeit ist es notwendig, einen klar strukturierten Organisationsrahmen zu haben. Die Projektorganisation kann somit der Aufgabe, die Projektbeteiligten sowie deren Aufgaben, Kompetenzen und Verantwortungen festzulegen, nachkommen.[159]
Projekte können hierbei unterschiedlich in eine Unternehmensstruktur eingebettet sein. Zu denken ist hier an eine Linienorganisation, eine Matrixorganisation oder in einer reinen Projektorganisation.[160] Für welche Organisationsstruktur man sich entscheidet hängt von der Betriebsorganisation und der Komplexität des Projekts ab. Der Erfolg eines Umstellungsprojekts wird allerdings bei allen Organisationsformen vom Projektleiter bestimmt. Dieser sollte daraufhin mit großer Sorgfalt ausgewählt werden.[161] Ein Projektleiter muss sowohl fachlich als auch zwischenmenschlich ausgeprägte Fähigkeiten aufweisen. Seine Aufgabe ist es, das definierte Ziel unter Einhaltung der Kosten, des Termins und der geforderten Leistung zu erreichen.

Ablauforganisation

Um die Ziele bei einem Projekt besser abwickeln zu können, ist es von Vorteil zwischen einem Projektstart und einem Projektende eine klar vorgegebene Ablauforganisation zu bestimmen.[162]

---

[158] Vgl. Burghardt, Manfred, a.a.O., S. 86
[159] Vgl. Schulz-Wimmer, Heinz, a.a.O., S. 27
[160] Vgl. Burghardt, Manfred, a.a.O., S. 88
[161] Vgl. Hirschberger, Karl, a.a.O., S. 2189
[162] Vgl. Burghardt, Manfred, a.a.O., S. 102, 110

Bei einer Projektorganisation werden schließlich einzelne Projektphasen gebildet. Diese Phasen sind gemäß der DIN 69900 zeitliche Abschnitte eines Projektverlaufs, die sachlich jedoch von anderen Abschnitten getrennt sind.[163] Das Ende der jeweiligen Phase ist die Voraussetzung für den Beginn der nächsten Phase. Die Gesamtheit aller Phasen ergibt dann das Phasenmodell.

So können Meilensteine definiert werden, wie Mitarbeiterschulungen hinsichtlich des UKVs, die Einführung oder Veränderungen eines EDV-Systems, Einführung eines neuen Kontenplans, Aufstellen der ersten Probe-GuV.[164]

4.3 Planungsphase

In der Phase der Projektplanung werden die Voraussetzungen für den Erfolg des Projektes genannt. Die Einhaltung der Termine, Kosten und der Leistung sind von der Qualität des Projektplanes abhängig. Je genauer der Plan ist, desto weniger Probleme treten in späteren Abschnitten des Projekts auf.[165]

Das Ziel der Planungsphase besteht darin, dass der Projektleiter einen vollständigen Projektplan vorlegt, der im Detail aufzeigt, auf welchen Wegen und mit welchen Schritten bzw. Aufwand das Projekt erreicht werden kann. Der Auftraggeber erhält somit einen Vorschlag, wie die Umsetzung aussehen kann.[166]

Der Sinn eines Plans ist, festzulegen welche Schritte benötigt werden um ein Ziel zu erreichen. Das Oberziel, die Umstellung auf das Umsatzkostenverfahren, muss in Teilziele zerlegt werden, um sinnvolle Projektabschnitte ableiten zu können. Hierbei ist zu beachten, dass die Teilziele von dem Globalziel abgeleitet werden und in ihrer Gesamtheit wieder harmonieren. Somit wird verhindert, dass man mit Lösungen von Detailproblemen beginnt, die zusammenfassend keine zweckmäßige Gesamtlösung des Oberziels repräsentieren.[167]

---

[163] Vgl. Hoehne, Joachim, a.a.O., S. 219
[164] Vgl. Stahl, Anne, a.a.O., S. 3
[165] Vgl. Burghardt, Manfred, a.a.O., S. 136
[166] Vgl. Schulz-Wimmer, Heinz, a.a.O., S.164
[167] Vgl. Hirschberger, Karl, a.a.O., S. 2190

Man kann mit Hilfe des detaillierten Plans bei der Umsetzung nun erkennen, wo es Abweichungen zum Plan gibt und entscheiden, ob und mit welchen Mitteln man dagegen steuern kann.[168]

Ein Projektplan enthält mehrere Einzelpläne. Es ist zu empfehlen mindestens folgende Pläne aufzustellen:

Projektplan
Wer macht was, wann, womit in welcher Qualität?
↑
Risikoplan
Wo ist das Projekt gefährdet?
↑
Aufwandsschätzung
Mit welchem Aufwand wird das Projekt vollzogen?
↑
Ablaufplanung
In welcher Reihenfolge?
↑
Projektstrukturplan
Was ist zu tun?

Abb. 26: Planungsarten in der Projektplanung (Quelle: Schulz-Wimmer, Heinz, a.a.O., S. 166)

Der **Projektstrukturplan** ist der Beginn des detaillierten Ausführungsplans. Das Projekt wird in einzelne Arbeitspakete und Teilaufgaben aufgegliedert, um genau abzuhandeln, was alles getan werden muss, damit das Projekt zu einem Erfolg wird. Dabei ist dieser Strukturplan das zentrale Projektmanagement-Instrument und liefert die Grundlage für alle weiteren Pläne.[169]

---

[168] Vgl. Schulz-Wimmer, Heinz, a.a.O., S. 165
[169] Vgl. Schulz-Wimmer, Heinz, a.a.O., S. 173

Bei der **Ablaufplanung** werden die einzelnen Teilschritte zur Zielerreichung unter Berücksichtigung wechselseitiger Abhängigkeiten aufeinander abgestimmt und gegliedert. Hier ist v.a. auch zu berücksichtigen, ob die zu erledigenden Schritte zentral oder dezentral am besten bearbeitet werden können. Bei zentral zu erledigenden Aufgaben ist zu beachten, ob genügende Informationen bei den Mitarbeitern vorhanden sind um diese zu bewältigen. Ist dies nicht der Fall, ist zu überlegen, ob und welche Aufgaben von externen Personen bearbeitet werden sollen. Diese Festlegung der zentralen und dezentralen Bearbeitung ist ein wesentlicher Punkt der Ablaufplanung, weil die einzelnen Teilziele fachlich und zeitlich aufeinander aufbauen und deswegen in Abhängigkeit zueinander innerhalb der Ablaufplanung zu berücksichtigen sind.

Der Ablaufplan wird zusammen mit der Zeitplanung erstellt. Hier bietet sich ein Balkendiagramm an, in welchem die einzelnen Teilziele in der Bearbeitungsreihenfolge dargestellt werden und die entsprechenden Zeitziele anhand von Balken optisch aufbereitet sind.[170]

Nachdem die zu bearbeitenden Arbeitspakete bekannt und deren logische Abhängigkeiten bekannt sind, ist zu regeln mit welchem personellen und materiellen Aufwand diese Pakete umgesetzt werden sollen.[171] Bei der **Aufwandsschätzung** wird nun beschrieben, mit welchem zeitlichem und finanziellen Aufwand das Projekt vollzogen wird. Hier ist der für die Umstellung vorhandene Budgetrahmen festzulegen. Kosten für die Betreuung durch externe Berater, für die Schulungsmaßnahmen der Mitarbeiter, für die Anschaffung neuer EDV-Software etc. fallen hierunter. Damit der Budgetrahmen eingehalten wird, legt das Projektmanagement i.d.R. Unterverantwortliche fest.[172]

Bevor nun ein Gesamtplan erstellt wird, ist auch auf die Unsicherheiten der Zukunft einzugehen.[173] Der **Risikoplan** beschreibt die Situationen, in denen das Projekt gefährdet ist. Meist werden vereinbarte Ziele nicht eingehalten, d.h. kompetente Mitarbeiter fallen aus, die veranschlagten Kosten werden überstiegen oder die veranschlagte Zeit zur Umstellung reicht nicht aus, weil beispielsweise ein mangelhafter Kontenplan eingeführt wurde und dieser die Erstellung der GuV erheblich beeinträchtigt. Unzureichende Schulungen der Mitarbeiter können z.B. dazu

---

[170] Vgl. Hirschberger, Karl, a.a.O., S. 2190
[171] Vgl. Schulz-Wimmer, Heinz, a.a.O., S. 206
[172] Vgl. Böttger, Christian, a.a.O., S. 272
[173] Vgl. Schulz-Wimmer, Heinz, a.a.O., S. 217

führen, dass Buchungen falsch oder gar nicht ausgeführt werden und die Erstellung der GuV dadurch verzögert wird.

Solche Risiken sollten bereits in der Planungsphase betrachtet werden, um die Einplanung von Maßnahmen durchzuführen, die bei einem derartigen Risikoeintritt eingeleitet werden können. Notwendig hierfür ist die projektbezogene Identifikation und die Analyse von Risiken, die auftreten können. Dadurch kann realistisch geplant werden und man trägt maßgeblich zur Optimierung des Projektverlaufs bei.[174]

Nachdem erarbeitet wurde, was alles in welcher Reihenfolge mit welchem Aufwand und welchen Risiken zu tun ist, erhält man nun den endgültigen Projektplan. Dieser gibt nun im Detail Auskunft darüber welche Aufgabe von wem in welchem terminierten Zeitraum, mit welcher Qualität und unter Einsatz welcher Mittel erledigt wird, um das Projektergebnis in der gewünschten Form abzuliefern. Im Detail heißt das, dass Meilensteine präzisiert werden, die Dauer der einzelnen Arbeitspakete wird festgelegt, eine Termin- und Kostenplanung wird entworfen und der Projektplan wird mit den Betroffenen abgestimmt.[175]

Der **Projektplan** regelt nun den zeitlichen Ablauf des Umstellungsprozesses, die Einbindung interner und externer Personalressourcen. Die Vorbereitungsphase als auch die Umsetzung der Umstellung wird festgelegt.

Ausreichend personelle Ressourcen sollten bereitgestellt werden. Bei der Zusammenarbeit zwischen den Bereichen ist zu beachten, dass diese gut zusammenarbeiten. Besonders die Bereiche interne und externe Rechnungslegung, EDV, Steuern und Finanzen sollten in das Projekt integriert werden. Wird externes und internes Rechnungswesen integriert bedarf es einer großen Kommunikation.

Eine der wichtigsten Voraussetzungen für den Erfolg des Projekts ist auch, dass die obersten Entscheidungsträger im Unternehmen hinter dem Projekt stehen und jenes komplett unterstützen. Es ist immer problematisch, wenn die Verantwortung auf Unternehmensebenen delegiert wird, die nicht gleichzeitig mit Entscheidungskompetenz ausgestattet sind. Weiterhin ist die Kompetenz der externen Berater und die EDV-technische Betreuung des Projekts für eine erfolgreiche Umstellung ausschlaggebend.[176]

---

[174] Vgl. Hirschberger, Karl, a.a.O., S. 2191
[175] Vgl. Schulz-Wimmer, Heinz, a.a.O., S. 230, 232
[176] Vgl. Wulf, Martin / Klein, Michael / Azaiz, Michael, a.a.O., S. 301, 303

4.4 Umsetzung

In dieser Phase werden die Planungen schließlich umgesetzt. Die tatsächlichen Ergebnisse sind stets mit den geplanten Werten zu vergleichen, um abzuschätzen inwieweit Gegenmaßnahmen zu treffen sind bzw. ob der Plan geändert werden muss.[177] Es ist darauf hinzu weisen, dass Abweichungen in jedem Projekt die Regel sind und nicht die Ausnahme, da jeder Schritt in die Zukunft Änderungen mit sich bringt. Handelt es sich um kritische Abweichungen, durch jene bedeutende Projektziele gefährdet sein können, sollten die Ursachen der Abweichungen unbedingt näher betrachtet werden. Schließlich muss die Projektplanung dahingehend geändert werden, dass entsprechende Gegenmaßnahmen in den Plan eingefügt werden. Dies ist notwendig, um bei der späteren Realisation des Projekts Engpässe zu vermeiden.[178]

Die Umsetzungsphase setzt sich aus der Projektsteuerung (= Kontrolle durch den Soll-Ist-Vergleich und die resultierenden Maßnahmen), dem Berichtswesen, der Dokumentation, der Abschlussanalyse und der Projektauflösung zusammen.[179]
Die Projektauflösung besteht u.a. aus der Durchführung offizieller Abschlusssitzungen, dem Verteilen des Abschlussberichtes und das Auflösen aller projekteigenen Ressourcen.[180]

Folgende Abbildung zeigt die Umsetzungsphase im Regelkreis des Projektmanagements.

---

[177] Vgl. Schulz-Wimmer, Heinz, a.a.O., S. 244
[178] Vgl. Hirschberger, Karl, a.a.O., S. 2189
[179] Vgl. Schulz-Wimmer, Heinz, a.a.O., S. 245, 246
[180] Vgl. Burghardt, Manfred, a.a.O., S. 501

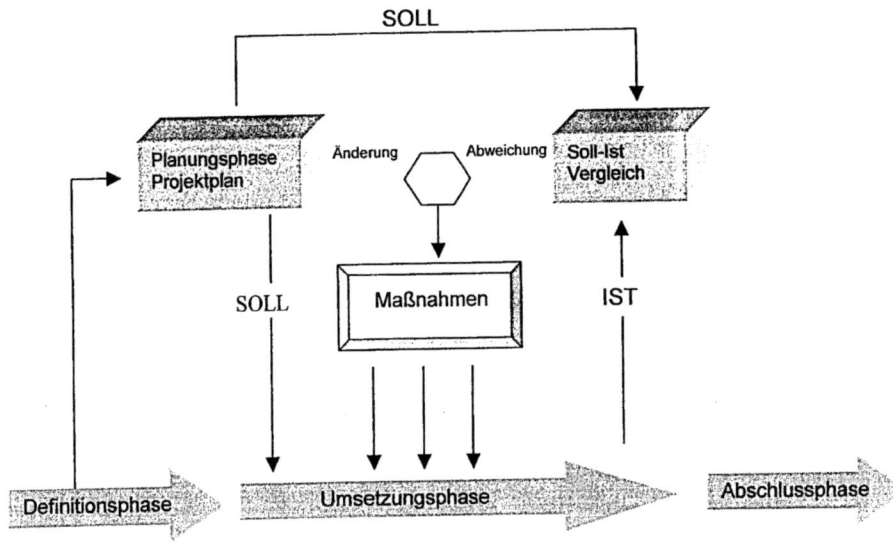

Abb.27: Umsetzungsphase im Regelkreis des Projektmanagements (Quelle: Schulz-Wimmer, Heinz, a.a.O., S. 245

5. Kritische Würdigung

5.1 Fazit

Die GuV hat die vorrangige Aufgabe die Ertragslage und somit den richtigen Erfolgsausweis des Unternehmens darzustellen. Dazu wird das Jahresergebnis durch eine periodengerechte Darstellung der einzelnen Aufwands- und Ertragskomponenten ermittelt. Jedoch ist eine GuV nur dann hinreichend aussagefähig, wenn sie mit anderen GuV verglichen werden kann. Aus diesem Grund wird die Forderung nach einer unternehmensübergreifenden, vergleichbaren Darstellung von Jahresabschlussdaten und einer einheitlichen Konzeption des Aufbaus der Erfolgsrechnung immer lauter. Da derzeit das UKV im internationalen Umfeld dominiert und immer mehr an Bedeutung gewinnt, sehen sich auch immer mehr deutsche Unternehmen zu einer Umstellung auf das UKV gezwungen.[181]

Entscheidet sich ein Unternehmen für eine Einführung des Umsatzkostenverfahren sollte es sich bewusst sein, dass die Einführung dieses Verfahrens aufgrund der unterschiedlichen Aspekte, der vielen Optionen und Möglichkeiten eine nicht zu unterschätzende und komplexe Unternehmung ist. Die Geschäftsleitung sollte sich im Vornherein darüber klar sein, welche Ziele die Umstellung erreichen soll und inwiefern dies realistisch umsetzbar ist. In jedem Fall sollte die Einführung des UKV aufgrund seiner Komplexität als ein eigenständiges Projekt betrachtet werden und durch eine Wirtschaftsprüfungsgesellschaft bzw. ein Beratungsunternehmen unterstützt werden.

Je nachdem wie bisher das Unternehmen seine GuV aufgestellt hat und ob es bereits über ein funktionsfähiges Kostenrechnungssystem verfügt sind die Auswirkungen unterschiedlich hoch. Arbeitete das Unternehmen bisher auf Basis des Gesamtkostenverfahrens und möchte das Umsatzkostenverfahren auf einer Erfassungsebene einführen, muss mit tief greifenden und kostenintensiven Umstrukturierungen gerechnet werden. Allerdings ist diese Art der Umstellung mit vielerlei Vorteilen verbunden und kann in der Zukunft ohne zusätzlichen Aufwand verwendet werden.

---

[181] Vgl. Reuter, Michael / Zwirner, Christian, Überleitung einer GuV, a.a.O., S. 640

Entscheidet sich ein Unternehmen, das UKV auf der Auswertungsebene einzuführen verzichtet es bewusst auf eine einheitliche Datenbasis und somit auf weitere Synergien und Effizienzen im Controlling. Solch eine Vorgehensweise ist nur in den seltensten Fällen zu empfehlen z.b. wenn es sich um ein sehr kleines Unternehmen handelt. Jedoch muss im Einzelfall der Aufwand und der Nutzen untersucht werden, um eine Entscheidung treffen zu können, auf welcher Ebene das Unternehmen umstellen soll.

Vorliegende Arbeit gibt einen Überblick über die Anforderungen und die Problemstellungen, die mit einer Umstellung auf das UKV verbunden sind. Die Beurteilung und die Rechtsgründe der beiden Verfahren konnte weitgehendst untersucht und erläutert werden.

Die Überleitung vom UKV zum GKV wurde in der Literatur schon vereinzelt diskutiert, dahingegen findet man zur umgekehrten Richtung meist nur wenig Informationen. Die genaue Vorgehensweise ist im großen Maße von der Art und Größe des Unternehmens, von den verwendeten IT-Systemen und den Zielvorstellungen der Geschäftsleitung abhängig. So dürfte bei einem Unternehmen, dass beispielsweise von SAP betreut wird, eine komplett andere Vorgehensweise der Überleitung von Handen gehen, als wenn das Unternehmen mit „Microsoft Business Solutions – Navision" arbeitet. Aufgrund dieser unterschiedlichen Ausgangssituationen und der Tatsache dass dieses Thema weitgehendst von der Beratungspraxis gelöst wird, konnte in dieser Arbeit nur auf einzelne Umstellungspraktiken, wie der erarbeiteten Methode von Krimpmann, eingegangen werden. Je nachdem für welche Methode sich das Unternehmen entscheidet ist generell anzumerken, dass vor einer Umstellung des GuV-Schemas ein Ein-Kreis-System gebildet werden sollte.

Sind die Voraussetzungen für eine Einführung des UKV geschaffen worden ist dringendst zu empfehlen, die Umstellung als ein selbständiges Projekt im Unternehmen zu integrieren. Die grundlegenden Phasen eines Projekts und einzelne Schwierigkeiten und Probleme in Bezug auf das UKV werden mit dieser Arbeit erläutert und dargestellt. Auf detailliertere Projektphasen und genauere Arbeitsabläufe kann im Rahmen dieser Diplomarbeit nicht eingegangen werden.

5.2 Ausblick

Wird im Rahmen der Umstellung des Gesamtkostenverfahrens auf das Umsatzkostenverfahren das Rechnungswesen und das Controlling miteinander verschmolzen, entstehen weitere Vorteile und Synergien für das Unternehmen. Dem Betrieb werden zusätzliche Effizienzen im Controlling, eine erhöhte Transparenz und Aussagekraft der Ergebnisse zu Gute kommen.[182]
Durch eine Anbindung des Controllings an das UKV und das integrierte Rechnungswesen wird ein durchgängiges und konzeptionell geschlossenes Controlling-System etabliert. Auf Grundlage des Ergebnisses aus dem UKV und des geschaffenen Ein-Kreis-Systems können vielerlei betriebswirtschaftliche Detailanalysen, wie Kundendeckungsbeiträge, Umsatzanalysen, Herstellkostenanalysen, Profit-Center-Rechnungen etc., durchgeführt werden. Ebenfalls kann der Planungsprozess des Unternehmens optimiert werden. Eine Managementerfolgsrechnung sowie ein empfängerorientierten Berichtswesen ist implementierbar.
Durch die Einführung des UKV und die Integration von externem und internem Rechnungswesen sind ferner die Voraussetzungen für ein sogenanntes Fast Close geschaffen worden. Im Rahmen des Fast Close kann der Zeitbedarf für die Erstellung der monatlichen bzw. vierteljährlichen Berichterstattung extrem verkürzt werden. Dies wiederum führt zu zeitlichen Freiräumen der Mitarbeiter, die dann für Analysen, strategischen Aufgaben, kontinuierlichen Verbesserungen und Weiterbildungen genutzt werden kann.[183]
Alles in allem ist die Umstellung auf das UKV eine sich lohnende Investition für jedes Unternehmen, welche ebenfalls die Voraussetzungen für weitere Synergien und Vorteile schafft.

---

[182] Vgl. Krimpmann, Andreas, a.a.O., S. 14
[183] Vgl. Teichmann, Wolfgang / Nikolic, Achim, a.a.O., S. 575, 576

Anhang 1

IAS								
IFRS								
GUV	Kontakt	Forum	Index	Home	Inhalt	Links	Info	

←

 GuV - Grundlagen

Im Zuge der Umstellung der Rechnungslegung von den bislang angewendeten HGB-Normen auf ein international anerkanntes Normensystem wie die IAS/IFRS treten neben der Problematik einer unterschiedlichen Bilanzierung und Bewertung einzelner Vermögens- und Schuldenpositionen auch Fragen im Bereich der GuV auf. Die GuV am Ende einer Periode soll dem Jahresabschlußadressaten einen Überblick, inwieweit das Unternehmen fähig ist nachhaltig Gewinne zu erwirtschaften, geben, um somit seine langfristige Existenz zu garantieren.

Bilanzpolitische Maßnahmen dienen in diesem Zusammenhang der Beeinflussung der Darstellung von Vermögens-, Finanz- und Ertragslage durch bewußtes Ausnutzen von Bilanzansatz- und Bewertungswahlrechten sowie Ermessensspielräumen.

Die IAS/IFRS präferieren die Darstellung der GuV nach dem Umsatzkostenverfahren (UKV).

Für US-GAAP Bilanzierer schreibt das SEC das UKV vor. Wahlmöglichkeiten bestehen in diesem Fall nicht.

Die formalen Anforderungen der IAS/IFRS an die GuV sind vergleichsweise gering. Prinzipiell ist jede Darstellungsform möglich, wenn eine fair presentation der Ertragslage des Unternehmens erfolgt.

IAS 1 läßt offen, ob die Konto- oder Staffelform anzuwenden ist. International ist die Staffelform das übliche Darstellungsformat. Eine Gliederung der Aufwendungen kann sowohl nach der Aufwandsartenmethode (nature of expense method - GKV), als auch nach der funktionalen Zugehörigkeit der Aufwendungen (cost of sales method - UKV) erfolgen.

Obwohl die IAS beide Verfahren alternativ zulassen, wird das UKV als bessere Darstellungsform gewertet, da eine Zuordnung nach Funktionen gem. IAS 1.82 Satz 2, 1. HS den Adressaten oft wichtigere Informationen als die Aufteilung nach den Aufwandsarten liefert. Obwohl das UKV als die Konzeption mit dem höheren Informationsgehalt angesehen wird, müssen Unternehmen zusätzliche Angaben über die Art der Aufwendungen, speziell die Höhe der planmäßigen Abschreibungen sowie des Personalaufwands machen.

Ein expliziter Ausweis des Materialaufwands wie nach HGB wird nach IAS indes nicht gefordert.

Die in Deutschland historisch gewachsene Darstellungsform der Erfolgsrechnung ist

Anhang 2

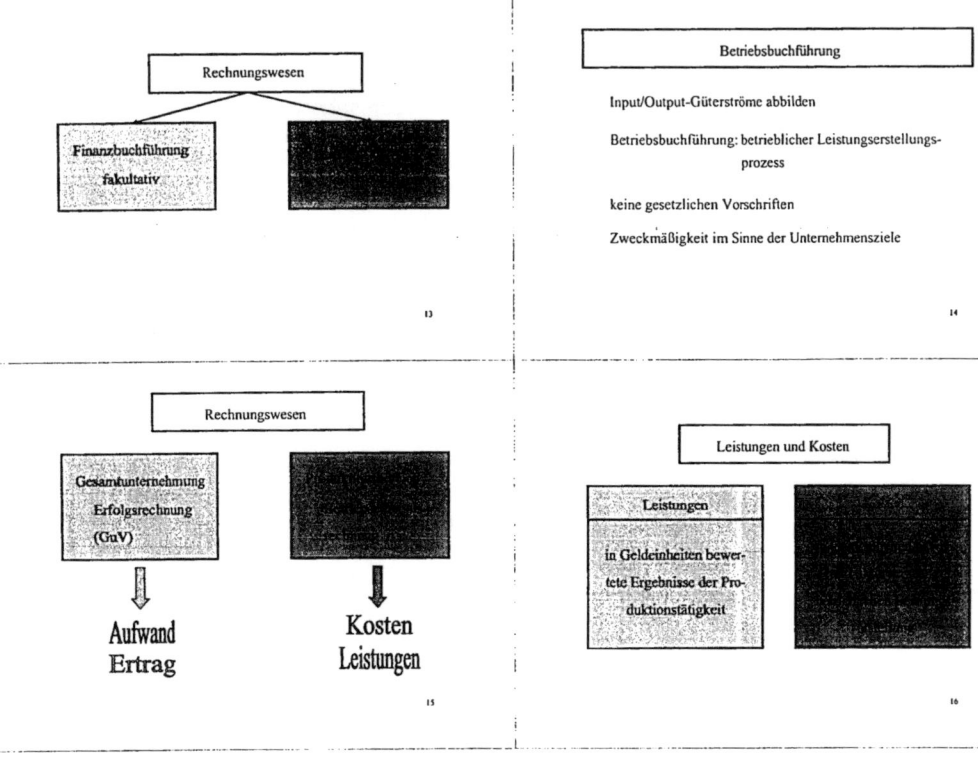

VIII

Anhang 3

Abgrenzung zwischen Aufwand und Kosten

Neutraler Aufwand	Zweckaufwand	
	Kostengleicher Aufwand	Andersaufwand
	Grundkosten	Zusatzkosten
		Kalkulatorische Kosten

17

Aufwand

| Neutraler Aufwand | | |

Neutraler Aufwand: Aufwand, keine Kosten
- nicht betriebsbedingter Aufwand
- ungewöhnlicher Aufwand
- periodenfremder Aufwand

18

Aufwand

	Zweckaufwand	
	Kostengleicher Aufwand	Andersaufwand
	Grundkosten	Anders...

= betriebsbedingter Verbrauch, mit Ausgaben verbunden

betragsgleich in Erfolgs- und Kostenrechnung

betragsverschieden in Erfolgs- und Kostenrechnung

19

Aufwand

Neutraler Aufwand	Zweckaufwand betriebsbedingter Verbrauch, mit Ausgaben verbunden	betriebsbedingter Verbrauch, aber nicht mit Ausgaben verbunden
		Zusatzkosten

Verzehr unentgeltlich zur Verfügung gestellter Güter

20

G. Literaturverzeichnis

BÜCHER

Barthèlemy, Frank / Willen, Bernd-Uwe, Handbuch IAS/IFRS, München (Haufe Verlag) 2003

Biel, Alfred, IAS/IFRS – Leitfaden für Controller, Offenburg (Verlag für Controllingwissen) 2004

Böttger, Christian, US-GAAP & IAS, Berlin (SPC TEIA Lehrbuch Verlag) 2003

Buchholz, Rainer, Grundzüge des Jahresabschlusses nach HGB und IFRS, München (Vahlen) 2004

Burghardt, Manfred, Projektmanagement, 6. Auflage, Erlangen (Publicis Corporate Publishing Verlag) 2002

Grünberger, David, IAS/IFRS 2006, 4. Auflage, Herne/Berlin (Verlag Neue Wirtschafts-Briefe) 2006

Hinz, Michael, Rechnungslegung nach IFRS, München (Vahlen) 2005

Kirsch, Hanno, Einführung in die internationale Rechnungslegung nach IAS/IFRS, Herne / Berlin (Neue Wirtschafts-Briefe GmbH & Co.) 2003

Kremin-Buch, Beate, Internationale Rechnungslegung, 3. Auflage, Wiesbaden (Gabler) 2002

Lüdenbach, Norbert, IAS/IFRS Kommentar, München (Haufe) 2004

Lüdenbach, Norbert, IAS/IFRS, Der Ratgeber zur erfolgreichen Umstellung von HGB auf IAS/IFRS, 3. Auflage, Freiburg (Haufe), 2004

Müller, Martin, Harmonisierung des externen und internen Rechnungswesens: eine empirische Studie, Diss., Fakultät für Mathematik und Wirtschaftswissenschaften der Universität Ulm, 2005

Schulz-Wimmer, Heinz, Projekte managen, München (Haufe Verlag) 2005

Wussow, Sabine, Harmonisierung des internen und externen Rechnungswesens mittels IAS / IFRS, München (Herbert Utz Verlag) 2004, Diss., Universität Erlangen-Nürnberg, 2004

ZEITSCHRIFTEN

Berner, Alfred / Blank, Isabelle, Praxislösungen bei der Erstellung von Monats-/Jahresabschlüssen nach HGB und IAS, in: Bilanzbuchhalter und Controller, Nr. 6/2000, S. 126 - 128

Chmielewicz, Klaus, Gesamt- und Umsatzkostenverfahren der Gewinn- und Verlustrechnung im Vergleich, in: Die Betriebswirtschaft, Nr. 1/1990, S. 27 - 43

Engel-Ciric, Dejan, Umstellung vom Gesamtkostenverfahren auf das Umsatzkostenverfahren nach HGB und IAS/IFRS, in: Bilanzbuchhalter und Controller, Nr. 8/2004, S. 173 – 177

Erichsen, Jörgen, GuV nach Gesamt- oder Umsatzkostenverfahren, in: BeraterBrief Betriebswirtschaft, Nr. 4/2005, S. 130 - 131

Hirschberger, Karl, Projektorganisation und –controlling bei der Umstellung der Rechnungs-legung auf IAS/IFRS im Mittelstand (Teil I), in: Deutsches Steuerrecht, Nr. 50/2002, S. 2188 - 2192

Krimpmann, Andreas, Vom Gesamtkostenverfahren zum Umsatzkostenverfahren, in: Accounting, Nr. 7/2005, S. 10-14

Küting, Karlheinz / Reuter, Michael / Zwirner, Christian, Die Erfolgsrechnung nach dem Umsatzkostenverfahren (Teil A), in: Buchführung, Bilanzierung, Kostenrechnung, Nr. 1/2003, Fach 12, S. 6627

Miessl, Gerold, Die Gewinn- und Verlustrechnung nach dem Gesamtkosten- und dem Umsatzkostenverfahren im Vergleich, in: Steuer und Studium, Nr. 12/1993, S. 482 - 484

Reuter, Michael, Die Zukunft der mittelständischen Rechnungslegung in Deutschland mit Blick auf die Anwendung der IAS/IFRS, in: Steuer- und Bilanzpraxis, Nr. 4/2003, S. 172 - 173

Reuter, Michael / Zwirner, Christian, Erfolgsrechnung nach dem Umsatzkostenverfahren – Konzeption und Praxis, in: Betrieb und Wirtschaft, Nr. 15/2003, S. 617 – 622

Reuter, Michael / Zwirner, Christian, Überleitung einer GuV vom Gesamtkosten- zum Umsatzkostenverfahren im Rahmen der Umstellung der Rechnungslegung auf die IFRS, in: Steuer- und Bilanzpraxis, Nr. 14/2004, S. 635 – 640

Rogler, Silivia, Herstllungskosten beim Umsatzkostenverfahren, in: Betriebs-Berater, Nr. 21/1992, S. 1459 - 1464

Stahl, Anne, Umstellung der Rechnungslegung von HGB auf IAS oder US-GAAP, in: Der Controlling-Berater, Nr. 9/2001, S. 23 – 27, Nr. 11/2001, S. 89 - 110

Teichmann, Wolfgang / Nikolic, Achim, Aufbau Umsatzkostenverfahren im Mittelstand, in: controller magazin, Nr. 6/2001, S. 570 – 577

Wulf, Martin / Klein, Michael, Azaiz, Karim, Umstellung des Konzernabschlusses auf IFRS (Teil II), in: Deutsches Steuerrecht, Nr. 7/2005, S. 299 - 304

Zirkler, Bernd / Nohe, Ralph, Harmonisierung von internem und externem Rechnungswesen – Gründe und Stand in der Praxis, in: Bilanzbuchhalter und Controller, Nr. 10/2003, S. 222 – 225

Zirkler, Bernd / Nohe, Ralph, Ansätze des internen Rechnungswesens auf die externen Bilanzierungserfordernisse – Harmonisierung von internem und externem Rechnungswesen, in: Bilanzbuchhalter und Controller, Nr. 6/2004, S. 135 - 139

Zülch, Henning, Die Gewinn- und Verlustrechnung nach IAS/IFRS, in: BBK, Nr. 20/2003, Fach 20, S. 731 - 744

SAMMELWERKE

Abresch, Jens-Peter, Projektumfeld und Stakeholder, in: Projektmanagement, Fachmann, Band 1, Eschborn (RKW-Verlag) 2003, S. 59 - 86

Adler, Anna / Friedrich, David / Kreßmann, Markus / Verspohl, Oliver, Projektmarketing, in: Litke, Hans-Dieter, Projektmanagement, München / Wien (Hanser Verlag) 2005, S. 640 – 675

Deyhle, Albrecht, Epilog: Der Controller und das Rechnungswesen, in: Biel, Alfred, IAS/IFRS-Leitfaden für den Controller, Offenburg (Verlag für Controllingwissen) 2004, S. 191 – 198

Egger, Anton, Der Informationsgehalt des Umsatzkostenverfahrens im Vergleich zum Gesamtkostenverfahren, in: Rauter, Anton E. / Schmidt, Michael (Hrsg.), Management in Profit- und Non-Profit-Organisationen, Wien / Frankfurt (Ueberreuter) 2001, S. 125 - 130

Hoehne, Joachim, Projektphasen und –lebenszyklus, in: Projektmanagement, Fachmann, Band 1, Eschborn (RKW-Verlag) 2003, S. 217 – 248

Kleekämper, Heinz / Knorr, Liesel / Somes, Karen / Bischof, Stefan / Doleczik, Günter, Gewinn- und Verlustrechnung, in: Baetge, Jörg / Dörner, Dietrich / Kleekämper, Heinz / Wollmert, Peter / Kirsch, Hans-Jürgen, (Hrsg.), Rechnungslegung nach International Accounting Standards (IAS), 2. Auflage, Stuttgart (Schäffer-Poeschel) 2003, S. 50 - 63

Matschke, Manfred, Jürgen / Schellhorn, Mathias, Gewinn- und Verlustrechnung, Gesamtkostenverfahren, in: Ballwieser, Wolfgang / Coenenberg, G. Adolf / Wysocki, Klaus, (Hrsg.), Handwörterbuch der Rechnungslegung und Prüfung, 3. Auflage, Stuttgart (Schäffer-Poeschel) 2002, S. 979 – 990

Reuter, Michael / Zwirner, Christian, Gesamtkostenverfahren versus Umsatzkostenverfahren, in: Brösel, Gerrit / Kasperzak, Rainer, Internationale Rechnungslegung, Prüfung und Analyse, München / Wien (R. Oldenbourg Verlag) 2004, S. 558 – 571

KOMMENTARE

Fröschle, Gerhart, § 275 Gewinn- und Verlustrechnung, in: Ellrott, Helmut / Fröschle, Gerhart, Hoyos, Martin / Winkeljohann, Norbert (Hrsg.), Beck'scher Bilanz-Kommentar, 6. Auflage, München (C.H. Beck) 2006, S. 1060 - 1136

Lemmen, Stefan / Niemann Walter / Peusquens, Herbert / Wohlgemuth, Michael, Jahres- und Konzernabschluss nach Handels- und Steuerrecht, Auszug aus dem Beck'schen Steuerberater-Handbuch, München (C.H. Beck) 2005, Randnummern 1 – 2653

Schlüter, Jörg, § 6. Gewinn- und Verlustrechnung, in: Bohl, Werner / Riese, Joachim / Schlüter, Jörg (Hrsg.), Beck'sches IFRS-Handbuch, München (C.H. Beck) 2004, S. 375 – 391

Weber, Claus-Peter, Gewinn- und Verlustrechnung, Eigenkapitalveränderungsrechnung und Gesamteinkommensrechnung, in: Wiley-Kommentar zur internationalen Rechnungslegung nach IAS/IFRS, Braunschweig (gp Fachbuch Verlag), 2004, S.71 – 100

INTERNET

http://www.ax-net.de/inhalt/bilanz/guv/einleitung/html

http://www.wiwi.uni-muenster.de/23/download//buchfuehrung/vorlesung/12_Vorlesung.pdf

H. Rechtsquellenverzeichnis

INTERNATIONAL FINANCIAL REPORTING STANDARDS (IFRS) /
INTERNATIONAL ACCOUNTING STANDARDS (IAS)

http://www.ifrs-portal.com/Texte_deutsch/Standards/Standards_2005.html
Volltext in der von der EU autorisierten deutschen Übersetzung.

Standards in der Fassung für 2005
(Standards, die börsennotierte Unternehmen in der EU ab dem 1. Januar 2005 auf ihre konsolidierten Abschlüsse anwenden müssen)

VERORDNUNG (EG) Nr. 2238/2004 der Kommission vom 29. Dezember 2004 zur Änderung der Verordnung (EG) Nr. 1725/2003 betreffend die Übernahme bestimmter internationaler Rechnungslegungsstandards in Übereinstimmung mit der Verordnung 1606/2002 des Europäischen Parlaments und des Rates betreffend IFRS 1 und IAS Nrn. 1 bis 10, 12 bis 17, 19 bis 24, 27 bis 38, 40 und 41 und SIC Nrn. 1 bis 7, 11 bis 14, 18 bis 27 und 30 bis 33.

HANDELSGESETZBUCH (HGB)

Handelsgesetzbuch vom 10.5.1897, RGBl. 1897, S. 219, zuletzt geändert durch Art. 1 Gesetz zur Einführung internationaler Rechnungslegungsstandards und zur Sicherung der Qualität der Abschlussprüfung (Bilanzrechtsreformgesetz –BilReG) vom 4.12.2004 (BGBl. I S. 3166), Art. 9 Gesetz zur Anpassung von Verfährungs- vorschriften an das Gesetz zur Modernisierung des Schuldrechts vom 9.12.2004 (BGBl. I S. 3214), Art. 1 Gesetz zur Kontrolle von Unternehmensabschlüssen (Bilanzkontrollgesetzt – BilKoG) vom 5.12.2004 (BGBl. I S. 3408) und Art. 1 Gesetz über die Offenlegung der Vorstandsvergütungen (Vorstandsvergütungs- Offenlegungsgesetz-VorstOG) vom 3.8.2005 (BGBl. I S. 2267)